O Espírito do Líder

O Espírito do Líder
Lições para tempos turbulentos

Ken O'Donnell

Copyright © 2009 Ken O'Donnell
Copyright © 2009 Integrare Editora e Livraria Ltda.

Publisher
Maurício Machado

Assistente editorial
Luciana M. Tiba

Coordenação e produção editorial
Crayon Editorial

Tradução
Rosane Albert

Preparação
Fernanda Marão

Revisão
Marisa Rosa Teixeira

Projeto gráfico de capa e miolo
Alberto Mateus

Diagramação
Crayon Editorial

Dados Internacionais de Catalogação na Publicação (CIP)
(Câmara Brasileira do Livro, SP, Brasil)

O"Donnell, Ken
  O espírito do líder : lições para tempos turbulentos, volume 1 /
Ken O"Donnell ; [tradução Rosane Albert]. – São Paulo : Integrare
Editora, 2009.

  Bibliografia.
  ISBN 978-85-99362-36-5

  1. Administração 2. Administração de empresas 3. Administração
de pessoal 4. Espiritualidade 5. Liderança 6. Organizações I. Título.

09-01500   CDD-658.001

Índices para catálogo sistemático:

1. Espiritualidade aplicada à administração 658.001
2. Espiritualidade corporativa e teoria organizacional : Administração 658.001

Todos os direitos reservados à INTEGRARE EDITORA E LIVRARIA LTDA.
Rua Tabapuã, 1123, 7º andar, conj. 71/74
CEP 04533-014 - São Paulo - SP - Brasil
Tel.: (55) (11) 3562-8590
Visite nosso site: www.integrareeditora.com.br

Mensagem da Brahma Kumaris

Quando nós mudamos, o mundo muda.

Essa frase representa uma verdade tão básica que nem precisa ser muito explicada. Todos queremos um mundo melhor, mas para isso precisamos de seres humanos melhores que revelem o melhor de si pelos seus pensamentos, palavras e atos. A Organização Brahma Kumaris, que tenho a honra de coordenar no Brasil, reconhece essa bondade intrínseca do ser humano.

Eu quero contar um pouco de sua história. Foi fundada no noroeste da Índia (atual Paquistão) em 1936 e veio para o Brasil em 1979, por meio de Ken O´Donnell. Encontrou o característico coração aberto dos brasileiros e, de lá para cá, só cresceu. Hoje conta com mais de 30 sedes nas principais capitais brasileiras e cidades do interior. Além disso, realiza atividades de fim de semana em quatro centros de retiro.

Ao reconhecer os desafios da rápida mudança global, a Organização Brahma Kumaris nutre o bem-estar de toda a família humana ao promover entendimento espiritual, liderança com integridade e ações mais elevadas. Ela ensina um método prático de meditação que ajuda as pessoas a compreenderem suas forças e valores interiores e como empregá-los em sua vida prática. Para nós, a aplicação de virtudes e valores elevados em nossa conduta e relações humanas, e o serviço altruísta às pessoas são os elementos fundamentais para o desenvolvimento de uma consciência elevada.

Todos os centros da BK oferecem cursos de meditação e conhecimento espiritual, bem como seminários e eventos especiais que facilitam o autodesenvolvimento e mudanças pessoais. Todos os cursos, seminários e oficinas são abertos ao público e sem taxas fixas. Assim, ela oferece um grande serviço à comunidade.

Os cursos oferecidos têm o objetivo principal de melhoria da qualidade de vida – por exemplo, conquistar a autoestima, aprender a pensar positivamente, administrar o tempo, superar o estresse e a raiva e desenvolver a inteligência espiritual.

Minha ideia de um mundo melhor abarca várias dimensões. A natureza e o meio ambiente estarão limpos, puros e em harmonia com o ser humano. As instituições sociais estarão todas estruturadas para desenvolver o ser humano de forma holística, propiciando a manifestação de múltiplos talentos: culinários, artísticos, administrativos, científicos etc. Tudo isso é possível se aprendemos a acessar nosso potencial interior.

Certamente é um passo na direção de um mundo melhor a iniciativa da Integrare Editora de dedicar uma porcentagem da venda deste livro a instituições como a nossa.

Luciana M. S. Ferraz
Coordenadora Nacional da Organização Brahma Kumaris
www.bkumaris.org.br

Sumário

Mensagem da Brahma Kumaris ⋯ **5**

Prefácio ⋯ **11**

Introdução ⋯ **15**
Um contexto para um líder mais sábio ⋯ **18**
A quebra de velhos paradigmas ⋯ **21**
Paralisia da implementação ⋯ **28**
Fortalecer o eu ⋯ **30**
Liderar a si e a outros em tempos de caos ⋯ **31**
Tópicos abordados nesta coleção ⋯ **33**

Ser um líder sábio ⋯ **39**
Redefinindo o que é um líder ⋯ **40**
O novo paradigma da liderança ⋯ **42**

Novas condutas e atitudes de um líder ⋯ **47**

Fazer o que se diz ⋯ **49**

Quatro indicadores de um líder sábio ⋯ **55**

Onde a transformação realmente começa? ⋯ **75**

Os três pilares da sabedoria ⋯ **85**

1 Compreensão ⋯ **86**

2 A habilidade de mergulhar no íntimo ⋯ **117**

3 Prática consciente de valores ⋯ **124**

Autoconsciência ⋯ **137**

O poder de significar ⋯ **140**

Autoconversa positiva ⋯ **142**

Por onde começar ⋯ **145**

Familiarizar-se com o eu interior ⋯ **147**

Aprender a criar os pensamentos certos ⋯ **148**

Estar ciente dos outros ⋯ **150**

Entender a função da consciência ⋯ **153**

Qualidade dos pensamentos ⋯ **155**

Quem sou eu realmente? ⋯ **156**

Livros, sites e artigos recomendados ⋯ **159**

Prefácio

Era uma manhã radiosa em um desses retiros nos arredores de San Jose na Califórnia. Todos nós, latinos, estávamos na expectativa de ouvir um dos expoentes da "Nova Administração" que anos depois viria a ser conhecida como "gestão socialmente responsável" ou "gestão para a sustentabilidade". Willis Harman saiu da casa em direção à varanda onde nos encontrávamos em natural burburinho e sentou-se entre nós com o olhar sereno porém distante. Gradativamente o silêncio foi se formando e entre um e outro canto de pássaros Willis começou a falar. Sua voz pausada irradiava luz e a certeza segura de que após tantos anos vividos entre corporações o caminho a trilhar era outro. Suas palavras, pronunciadas pausadamente, mostravam que a complexidade havia se tornado o desafio central em um mundo que se globalizava, que as corporações tinham um novo papel a desempenhar e deveriam se preparar para isso. O grande desafio, dizia, era conseguir desapegar-se das práticas consagradas da administração e a partir de um olhar integrador e sistêmico compreender a interdependência e a necessidade de reinventar as corporações.

Isso foi no início da década de 1990. A globalização ensaiava seus primeiros passos e a internet ainda não havia transformado o padrão de como nos conectamos e de como aprendemos. Anos se passaram e essa experiência com Willis Harman ficou indelével em minha memória. Muito pelo que disse mas, principalmente, **como disse**.

Já no final da década de 1990, em um evento promovido pelo Brahma Kumaris em Oxford, Brian Bacon – um dos expoentes do World Business Academy – procurava demonstrar pelo seu programa "Self-Managing Leadership" que, fosse qual fosse o caminho do líder, sua expressão somente adquiriria significado se soubesse sobretudo o que lhe move. "Quando você serve ao seu propósito, de alguma forma o universo conspira a seu favor" – esse era o seu ensinamento central. Tanto no caso de Willis Harman quanto no de Brian Bacon havia um elemento muito forte no estilo de liderança que pregavam que não era evidente, tampouco constava dos manuais tradicionais da administração. Uma sutileza que eu ainda não havia captado em seu todo.

Já em meados dessa década, em um programa de liderança sistêmica – ELIAS – desenvolvido por Otto Scharmer e Peter Senge no MIT, o aspecto central da abordagem era desenvolver uma metodologia de liderança que colocasse os líderes em contato com o mais profundo de seu "eu interior" onde, segundo Scharmer e Senge, a única possibilidade de emergência de inteligência criativa e dos elementos cognitivos para a compreensão da complexidade poderia emergir.

Prefácio

Como vemos, em diferentes épocas e lugares, pessoas que são expoentes do mundo corporativo e na formação de gerações de líderes empresariais têm buscado mostrar que o aspecto mais importante da inspiração do líder, "aquilo que o move", não vem dos aspectos evidentes da personalidade dos que lideram. O que faz com que um líder efetivamente lidere não é o que ele impõe ou ensina, mas o que ele faz emergir, o que ajuda a revelar de significativo e motivador em um grupo. Portanto, o líder não é quem conduz mas aquele que, ao ajudar o grupo a encontrar a sua motivação maior, ajuda-o a assumir a sua melhor identidade como grupo e alcançar sua funcionalidade máxima.

Para que isso ocorra, as platitudes e os clichês sobre liderança não ajudam muito porque é de qualidade sutis que estamos falando. Autoconhecimento, valores perenes, confiança, compaixão, coragem moral, coerência intelectual e espiritualidade são alguns dos atributos hoje exigidos de qualquer líder que se pretende útil na busca de um novo padrão civilizatório que é o espírito emergente de nossa época.

Desde que Ken apresentou em uma noite fria de junho em 2007 seu seminário "Vivendo Valores na Empresa" em uma conferência do Instituto Ethos, nunca mais a minha visão sobre gestão socialmente responsável foi a mesma. Conheço Ken O'Donnell há mais de uma década e sempre fui seu grande admirador e modesto amigo. Já o havia visto antes conduzindo grupos ou liderando debates. Mas aquela noite foi especial. Olhava o rosto das pessoas em meio a um silêncio sepulcral e os via iluminados, naquela emoção profunda que é inesquecível. Ken mais uma vez demonstrava com uma maestria ímpar que sem espiritualidade nada seríamos. Temos o vício cartesiano e arrogante de discutir administração e liderança como se fossem ciências exatas, previsíveis, com probabilidades controladas. Mero engano: todas as nossas outras habilidades adormecidas há séculos que constituem o extraordinário do gênio humano são aquelas que mais do que nunca serão convocadas para que possamos responder aos complexos e terminais dilemas que o século 21 nos apresenta.

Neste livro, que é o primeiro de uma coleção, Ken nos traz algumas chaves para esses desafios. "O Espírito do Líder" mostra que muito do que sabemos de nada serve. Algumas coisas que pensamos saber sabemos pouco. E muito do que nunca nos preocupamos em aprender se tornou essencial. A sabedoria não é uma qualidade que se compra ou se adquire após alguns cursos. Ela é o resultado de um esforço genuíno em aprendermos muito sobre nós mesmos, sabermos o essencial daquilo que importa, aprendermos sempre com cada experiência e, sobretudo, servirmos à causa que nos move. A confiança gerada pela autenticidade dessa busca inspirará a todos que nos cercam. Líderes ou não, estaremos contribuindo para algo significativo em nossas vidas e na do próximo.

RICARDO YOUNG
Presidente do Instituto Ethos

Introdução

Vivemos um momento de grande oportunidade apesar da parada cardíaca do sistema financeiro global e das previsões apocalípticas à solta. No auge da especulação sobre o futuro, li um artigo[1] particularmente sombrio que sugeriu um futuro em que apenas quatro *commodities* teriam valor – ouro, munição, comida enlatada e água potável. Mais adiante, seguindo essa lógica, até o ouro perderia valor pelo simples fato de que não dá para comê-lo.

Além de problemas coronários, o sistema sofre de "diabetes", "pressão alta" e uma boa dose de toxicidade, o que dificulta a "operação" de salvamento por parte dos governos. Apesar das declarações daqueles que querem voltar aos bons tempos de ganhos fáceis usando dinheiro inexistente para comprar um futuro que não tinha chegado ainda, o modelo econômico tão venerado por tantos fracassou. A era de capitalismo turbinado acabou.

---

1 SAFT, James. *What comes after the great unwinding?*. Disponível em: <http://www.forbes.com>.

Há onze anos publiquei um livro chamado *Endoquality* (Casa da Qualidade, 1997), no qual falei da dificuldade de criar valor verdadeiro a partir do nada:

> Não é necessário ir muito longe para encontrar amplas evidências da nossa tolice. A natureza abundante que nos cerca transmite uma mensagem permanente da interdependência de tudo e de todos. Mesmo assim, continuamos como se fôssemos imunes ao efeito das nossas ações. Vivemos num mundo que é claramente um sistema fechado com limites de ar, de água, de recursos naturais e de espaço. Contudo, agimos como se a natureza fosse uma fonte inesgotável de matéria-prima para alimentar nossa mania produtiva e o seu filho, o consumismo.
>
> Quem afinal inventaria um sistema financeiro mundial no qual todos os trilhões que circulam jamais podem ser convertidos em bens? Apenas 18% de todo o dinheiro que existe poderia ser tocado de alguma maneira. Se todos os indivíduos e organizações fossem correr às instituições financeiras para retirar o que têm depositado ou investido, encontrariam apenas 18%. Os outros 82% são registros eletrônicos cujo valor é basicamente uma questão de fé que os bancos centrais dos países manipulam.

Hoje essas palavras escritas quando o "ganhar, ganhar e ganhar" estava no seu auge ressoam nos meus ouvidos. Mesmo assim, falo em oportunidade por várias razões.

A primeira e mais óbvia é que qualquer paciente humano que recebesse o diagnóstico descrito antes pensaria seriamente em mudar de dieta e iniciar a prática de exercícios apropriados. A necessidade de decisões sábias e pragmáticas é imprescindível.

Especialmente para os líderes, é o momento para checar as três atitudes principais que têm sido responsáveis pela crise financeira – a ganância desenfreada, a arrogância cega e o medo paralisante. Os pequenos investidores e até os grandes banqueiros caíram na ilusão do "cassino" das bolsas. O pequeno querendo ser grande e o grande literalmente vendendo "lixo" aos outros grandes.

Essa é a grande oportunidade de rever nossos modelos políticos e econômicos e entender que o sucesso de longo prazo depende de uma integração dos desafios ambientais e sociais com uma governança responsável.

Embora muitos indivíduos e corporações procurem medidas de sobrevivência, o momento é o de olhar a saúde daquelas empresas que adotaram ações de sustentabilidade nos anos anteriores a 2008. Aquelas que instituíram práticas e políticas efetivamente sustentáveis estão dando a grande prova de que são capazes de equilibrar-se na crise.

Para os menos cegos, a onda de questionamento atual certamente gerará mais consciência sobre os impactos sociais associados com o modelo econômico de ganhos fáceis, de desperdícios grandes e de salários obscenos dos seus protagonistas. Isso alimentará mais interesse na sustentabilidade como o modelo de conduzir negócios. Cuidar dos seus empregados e reduzir o desperdício também é uma maneira de criar uma sobrevivência sustentável.

Outro aspecto é o meio ambiente. Se "perdemos" mais ou menos US$ 12 trilhões no último trimestre de 2008, o que o mundo perdeu em termos de estragos ambientais é incalculável.

"Quais são os planos de sua empresa para daqui a quinze anos? O ex-vice-presidente dos Estados Unidos Al Gore disse que ela estará debaixo d'água."

Esse foi o título de uma conferência organizada em 2006 pela Câmara Americana de Comércio e proferida pelo ex-vice-presidente dos Estados Unidos a uma plateia lotada, em São Paulo. Extremamente desafiador. Certamente provocativo. De maneira nenhuma exagerado.

O filme ganhador do Oscar *Uma verdade inconveniente*, apresentado por Al Gore, é o terceiro documentário mais visto nos Estados Unidos até hoje. Ele fez centenas de palestras sobre esse tema nos últimos anos para plateias cheias no mundo todo. A pergunta é: vamos apenas ouvir ou vamos agir em relação às suas implicações?

Um contexto para um líder mais sábio

Qualquer que seja o caso, vivemos em tempos de transformações fundamentais em uma escala nunca vista em toda a nossa história. As mudanças políticas, tecnológicas, culturais e mesmo climáticas agem em conjunto, como um imenso furacão que arrasta indivíduos, organizações e até países no vórtice de um constante processo de redefinição, reajuste e reposicionamento. Os mais fortes e mais sábios permanecem em pé enquanto os outros simplesmente são lançados sem misericórdia ao sabor dos ventos.

O furacão afeta a vida de todos, de alguns mais do que de outros, e exige mudanças em nossas mentes que estejam à altura do desafio. A cada ano, mais de oito milhões de pessoas em todo o planeta morrem por serem pobres demais para se manter vivas.[2] A cada três segundos uma criança morre de fome ou de alguma doença tratável. Enquanto isso, a cada ano, desperdiçamos por volta de um trilhão de dólares em armas, num árduo esforço para nos salvarmos de nós mesmos!

No universo corporativo, muitas das empresas que se encontravam orgulhosamente nas listas das quinhentas mais bem-sucedidas da revista *Fortune* apenas uma ou duas décadas atrás não sobreviveram. Milhões de pessoas foram atiradas à vala dos desempregados pelas tormentas implacáveis das fusões e confusões dos últimos anos. No universo pessoal, temos sido obrigados a desenvolver novas competências apenas para manter nossos empregos, algo que jamais teríamos imaginado nos tempos (agora remotos) de relativa estabilidade.

Parece que a era de ouro da indústria morreu, mas a mentalidade industrial no sentido mecanicista ainda persiste. Apesar de a comunidade de negócios ter se especializado na geração de empregos e riquezas, isso sem dúvida contribuiu para as disfunções dos sistemas do nosso mundo. Em se tratando de algo que exerce tanto impacto na

---

2 Disponível em: <http://www.netaid.org/global_poverty/global-poverty/>.

sociedade, não poderia ser de outra maneira. O apelo para que paremos de fazer de conta que tudo não passa de "evolução normal do mundo dos negócios" está soando em nossos ouvidos. Existe a possibilidade real de que toda essa conversa sobre liderança e necessidade de sabedoria esteja acontecendo tarde demais.

A corrida ensandecida pela sobrevivência de empresas e países, sobretudo ao longo dos últimos vinte anos, deixou um rastro vergonhoso de guerras e conflitos, a biosfera diante de uma ameaça crescente e um número cada vez maior de pessoas humilhadas pelo desemprego e/ou exclusão econômica. Muitos daqueles que conseguem permanecer "razoavelmente" bem empregados percebem-se agindo contra seus próprios valores e princípios, ou sobrecarregados de trabalho e sujeitos ao estresse de um ritmo de vida desvairadamente rápido e opressivo. Para onde quer que se olhe, o que se vê é o preço pago pela mecanização das vidas humanas e do pensamento.

Em um estudo sobre 21 civilizações extintas, o grande historiador inglês Arnold Toynbee[3] detalhou, em sua obra-prima, os estágios pelos quais todas elas passaram – formação, desenvolvimento, maturidade e desintegração. Ele argumenta que seu desaparecimento não foi provocado pela perda de controle sobre o meio ambiente, tampouco por ataques externos. Sua extinção decorreu da deterioração dos valores do que ele chama de "minoria criativa" (uma boa definição daquilo que chamaríamos hoje de liderança),

---

3   TOYNBEE, Arnold. *A study of history*, Vols. I-X. Londres: Oxford University Press, 1960.

a qual deixou de ser criativa para se tornar meramente uma "minoria dominante". Assim, os chamados líderes começaram a exigir obediência da maioria "dominada" sem realmente merecer ser obedecidos. Isso soa familiar? Ele descobriu dois fatores comuns entre todas as 21 civilizações – a concentração da propriedade nas mãos de poucos e a incapacidade de fazer mudanças necessárias a tempo de evitar a catástrofe.

Mesmo diante de todas as previsões de calamidade a que assistimos hoje, muitos insistem em aplicar diferentes versões da mesma velha e desgastada visão mecanicista da realidade como uma forma de adiar ou fugir das dificuldades. Essa abordagem parcial e limitada, defendida por figuras importantes como Sir Isaac Newton, Sir Francis Bacon, René Descartes e gurus da administração contemporânea como Frederick Winslow Taylor, ainda permanece muito viva.

A quebra de velhos paradigmas

Quando Milton Friedman, um dos mais influentes teóricos do liberalismo econômico, declarou em 1970 que a responsabilidade social de uma empresa limitava-se a gerar o maior volume possível de dinheiro para seus proprietários dentro das regras do jogo[4], ele recebeu os aplausos dos grupos dominantes de então. Para ele, ações direcionadas para a responsabilidade social por

---

4   FRIEDMAN, Milton. *The social responsibility of business is to increase its profits*. The New York Times Magazine, 13 set., 1970.

parte das empresas eram perigosas, antidemocráticas e imprudentes. Com o passar do tempo e a explosão dos problemas sociais e ambientais, outros passaram a ver nos negócios uma poderosa fonte potencial de ações para o bem-estar do planeta e, consequentemente, para seus próprios mercados.

Durante os anos 1980, a atividade industrial passara a ser alvo de diversos estudos. Ambientalistas conquistavam a injusta fama de ser "contra o mundo dos negócios" ao identificar empresas como fontes de parte considerável da poluição e como as principais instigadoras do crescimento econômico baseado no uso irresponsável de recursos naturais.

Hoje, por exemplo, já existe um consenso crescente em torno da questão das mudanças climáticas com o foco voltado exatamente para as causas e os efeitos econômicos que foram negados anteriormente. A condenação da responsabilidade social como algo "fundamentalmente subversivo" parece absurdo nos tempos atuais.

Nós, certamente, percorremos um longo caminho desde então.

HOMEM *VERSUS* NATUREZA?

Parece também incrível que, quase oitenta anos após as implicações da física quântica destruírem o pensamento clássico, muitos ainda considerem o universo de coisas e pessoas como um sistema estático, linear e constituído de pequenos blocos discretos que podem ser observados e, portanto, controlados de modo perfeito e previsível. A falha básica nesse velho paradigma está em imaginar que compreender as coisas nos dá o poder de controlá-las. O menor tremor de terra derruba essa ilusão.

Esse tipo de antropocentrismo é uma das principais razões para a nossa alienação da Natureza como ela de fato é – vibrante, dinâmica, viva –, integrando, desintegrando e continuamente se auto-organizando. A separação entre a natureza interior do ser humano e a Natureza, consideravelmente mais forte ao longo dos últimos trezentos anos, quase conseguiu destruir nosso planeta – quase chegou lá, mas não foi totalmente bem-sucedida.

Vagar à tarde por uma praia deserta. Ver o pôr-do-sol do alto de uma montanha majestosa. Fazer uma caminhada atravessando a floresta virgem. Quem não sente uma identificação com a beleza dos elementos da Natureza? A dicotomia que o morador dos grandes centros urbanos enfrenta é que o fim de semana termina e as férias o arremessam de volta ao seu posto de trabalho, de onde fica contemplando essa "natureza" que só existe longe do barulho dos centros urbanos. Muitos permanecem apenas no nível do sonho, tão bem representado pela letra da música de autoria de Zé Rodrix e Tavito interpretada por Elis Regina: "Eu quero uma casa no campo / Onde eu possa ficar do tamanho da paz..." Pelo menos contam os dias até a próxima oportunidade surgir para "voltar" para a Natureza.

A Natureza é vista de forma romântica como uma utopia que se contrapõe à distopia das manchas urbanas e seu materialismo frenético. A busca do "bom selvagem" de Rousseau que vive em harmonia com a natureza e livre de egoísmo inspira o fundamentalista ambiental até hoje.

Do outro lado, a visão antropocêntrica e infelizmente vigente é que o homem, sendo a peça principal da criação, tem o direito de explorar *ad infinitum* os recursos da Natureza, os quais lhe foram predestinados por algum decreto divino. Porém, não podemos negar que as outras espécies têm seu lugar. Há mais micróbios em um centímetro cúbico de terra que houve de seres humanos em toda a história.

Só recentemente começamos a questionar essas duas posições extremas para encontrar um ponto de equilíbrio. Empresários, políticos, cientistas e cidadãos comuns tentam fazer uma ponte entre a preservação da beleza inerente ao nosso planeta azul e o uso racional dos seus recursos naturais.

A dificuldade, porém, é que a dialética entre os dois extremos das nossas obrigações em relação à natureza está equivocada. Não se trata do homem contra a Natureza ou de ele sempre ter brigado com ela e agora ter de se vestir de outra mentalidade para "salvá-la". Nossos corpos são feitos dos mesmos elementos – o ar, a água e o alimento que nos fornecem cada molécula. As cidades são a Natureza transformada – as pedras que se tornam cimento, as árvores que se convertem em vigas, as antigas florestas que acabam em petróleo e, mais tarde, em plástico. Portanto, a Natureza não é algo que começa onde as cidades terminam.

Vale a pena, neste momento, refletir sobre as implicações da física moderna e quântica na nossa visão do mundo. Há mais de oitenta anos, ela abandonou a divisão entre o observador (tipicamente um ser humano) e o observado (tipicamente a matéria inanimada). Os dois formam um todo. Um influencia o outro. Evidentemente, isso não se refere apenas à matéria, mas ao que fazemos com ela na construção de uma sociedade.

Enquanto continuarmos a enxergar a Natureza e os problemas que temos de resolver como algo separado de nós mesmos – um sujeito passivo como o paciente inconsciente numa mesa de operação –, não vamos entender a profundidade da inter-relação e da interdependência entre nós e nosso planeta. É um casamento de longa data. A dança entre o observador e o observado implica que os problemas externos na Natureza e na sociedade são manifestações da contaminação e da confusão que reinam dentro de nós. São inseparáveis.

O RELÓGIO UNIVERSAL?

Como afirma Laurie A. Fitzgerald:[5]

> Através de séculos de "educação" seguindo a visão cartesiana, a administração chegou a cultuar qualidades como estabilidade, previsibilidade, segurança, ordem e, acima de tudo, controle. O fato de que essas qualidades não caracterizam o mundo real que deveríamos estar administrando é ignorado. O desejo de asse-

---

5 Consultora sênior da empresa The Consultancy, Inc. Estados Unidos.

gurar o controle sobre nossos ambientes caóticos é tão forte que se tornou extremamente difícil vermos que o caminho de uma complexidade dinâmica cada vez maior nos conduzirá à beira do caos e, então, à inevitável dissipação do sistema.[6]

A visão do cosmo como um imenso relógio que se manifesta com esperada precisão sofreu um enorme revés com a compreensão de que caos e ordem não passam de duas faces da mesma moeda. As chamadas novas ciências do caos, complexidade e sistemas auto-organizados, em conjunto com as implicações da mecânica quântica, já revolucionaram quase todas as disciplinas humanas, da astrofísica à biologia molecular. Curiosamente, um dos últimos baluartes que resistem ao peso de tamanha evidência é a ciência da administração e sua influência em liderança. O comando e o controle da Natureza processada permanecem vivos e fortes.

O comportamento decorrente da ideia de que nós, de alguma maneira, realmente controlamos os outros e a Natureza pode ter dado a impressão de funcionar em situações de relativa calma, mas não devemos imaginar que vamos lidar da mesma forma com a incerteza turbulenta do presente e do futuro próximo. É como navegar em alto-mar em meio a um furacão usando as mesmas técnicas aplicadas na navegação em um lago de águas plácidas.

---

6 FITZGERALD, Laurie A. *Living on the edge*. Disponível em: <http://www.orgmind.com/livingedge.php>.

Introdução

INTERDEPENDÊNCIA

Não precisamos ir muito longe para encontrar evidências de nossa visão limitada. A Natureza transmite a mensagem permanente a respeito da interdependência absoluta existente entre tudo e todos. Ainda assim, continuamos como se fôssemos imunes às consequências de nossos atos. Vivemos em um mundo que claramente possui limites de ar, água, recursos naturais e espaço, mas agimos como se a Natureza fosse uma fonte inesgotável com a qual alimentamos, *ad infinitum*, nossa tendência produtiva e seu filho, o consumismo. Fabricantes de carros, por exemplo, celebram recordes de vendas, sobretudo nos países em desenvolvimento. Cidadãos, por outro lado, "celebram" recordes de congestionamentos nas ruas. O mais triste nessa história é que os vendedores realmente não são capazes de enxergar as ligações entre uma coisa e outra.

Será que é tão difícil de entender que a soma total das forças positivas e negativas em um sistema como o nosso, por grandes períodos, tende a um impasse? Isto é, se juntarmos todas as forças econômicas, políticas e sociais, tanto as boas quanto as ruins, e olharmos por um período de tempo suficientemente longo, poderemos encontrar os processos matemáticos compensados. Os ricos são ricos porque os pobres são pobres. Com o tempo, a energia disponível para pôr em ação o mecanismo da sociedade torna-se indisponível e novos métodos devem ser descobertos para continuar a fazê-lo funcionar. Da mesma forma, a medicina tende a um impasse com o progresso de doenças que se tornam cada vez mais complexas. O sistema judiciário está travado com o crescente número de criminosos e novas variações de delitos que surgem todos os anos. Os políticos digladiam-se em parlamentos e congressos do mundo todo de modo que acaba lhes sobrando muito pouca energia para solucionar problemas fundamentais de saúde, educação, segurança, distribuição de riquezas etc.

Quantos de nós realmente compreendem a extensão das consequências dos ventos da globalização e da revolução tecnológica, sobretudo na área da comunicação digital, que chegou para mudar o modelo das indústrias e da prestação de serviços para sempre? As pressões para desenvolver a *performance* em todos os níveis dentro de nossas organizações são tremendas. Talvez haja muitas pessoas competentes o bastante para identificar corretamente as mudanças necessárias de planos, objetivos, processos e culturas organizacionais, em especial se precisarem estar alinhadas à necessidade urgente de ter de salvar o planeta. Os verdadeiros líderes, que têm sabedoria, força e determinação para pôr essas mudanças em prática, entretanto, são muito poucos.

Paralisia da **implementação**

Ao implantar novas estratégias, a paralisia na execução é comum. A ausência de comunicação real e sincera e de comprometimento, assim como o corporativismo e o ceticismo, acabam destruindo o melhor dos planos. Apesar de suas intenções nobres, a natureza humana apresenta resistências internas. Poucos são contra as transformações, mas quando se trata de mudança de atitude e de comportamento na esfera individual a resistência é silenciosa e, muitas vezes, esmagadora.

Precisamos de uma abordagem mais profunda e desmistificada quanto aos valores humanos necessários para uma liderança efetiva em um mundo que se encontra em crise total. É por isso que, ao implantar qualquer processo de realinhamento organizacional, os seres humanos envolvidos devem estar preparados mental, emocional e até mesmo espiritualmente para as implicações de trabalhar na nova realidade de caos, complexidade e mudança descontínua.

Frequentemente a energia humana da empresa se perde em dúvida, confusão e, na maioria das vezes, conflitos que podem ser gritantes e sangrentos, ou silenciosos, omitidos e, invariavelmente, fatais. Tudo isso torna insuficiente a adaptação a novas imposições. O grau de otimização do potencial humano para trabalhar de modo integrado acaba sendo um fator crucial para o sucesso ou o fracasso.

Em um furacão, primeiro ventos fortes geram enorme devastação lançando pelo ar tudo o que encontram em seu caminho. Logo em seguida, há um período de calma, que é, na verdade, o epicentro desse turbilhão de massas de ar – conhecido como "o olho do furacão". A relativa calma do "olho", posta no contexto deste livro, é o ponto do qual é possível enxergar de maneira clara e sábia o que está acontecendo e desenvolver estratégias empreendedoras para acompanhar as mudanças. É necessário, também, estar no "olho" para nos prepararmos para realizações mais duradouras.

Líderes dignos de tal epíteto precisam estar nesse ponto de observação neutro para refletir de maneira rápida e criativa, e então fazer as mudanças necessárias de atitude e percepção para agir efetivamente. Como um navio surpreendido por um furacão, o fator estratégico mais importante é o tempo. Se a organização permanecer em um estado boquiaberto de choque ou letargia atônita, tentar empregar os velhos artifícios paternalistas de manipulação de recursos humanos, ou mesmo pôr em movimento a tradicional e lenta burocracia, não haverá tempo suficiente. O outro lado do anel de ventos do furacão chegará e esmagará tudo.

Fortalecer o eu

Nas raízes de nossos problemas atuais estão os valores, crenças e pretensões dos quais passamos a depender para manter nossos paradigmas individuais e organizacionais. Soluções, portanto, surgiriam do desenvolvimento de uma nova consciência sistêmica, mais adaptada à realidade dos novos tempos. Acima de tudo, precisamos de uma nova e mais clara percepção das nossas relações mais básicas – com o planeta, com outros seres humanos, com nós mesmos e até com Deus.

Com tantas coisas acontecendo, a boa notícia é que estamos sendo forçados a ser melhores – não apenas no que diz respeito a produtos e serviços ou sistemas administrativos. O grande desafio é sermos melhores como seres humanos.

Neste livro, buscaremos mostrar como qualquer líder enfrentando tempos turbulentos, pode agir de forma mais eficaz e decisiva tendo focos mais claros e acesso a seu próprio potencial. O contexto desse salto de consciência é o caos sistêmico que testemunhamos diariamente, no qual as normas e os comportamentos que antes funcionavam em momentos de relativa estabilidade não funcionam mais.

Parece incrível que aplicamos tanto esforço para definir a missão, a visão e os valores de nossas empresas e acabamos nos esquecendo de fazer o mesmo com o nosso eu. Damos muita atenção a lucros, perdas, produtividade e altos graus de satisfação do cliente, mas nos esquecemos ou deixamos de lado a tarefa de cuidar de nós mesmos. Colocando a questão em uma pergunta simples: como líderes, nossa equipe fica mais feliz quando chegamos ou quando partimos?

Liderar a si e a outros em tempos de caos

Ser capaz de lidar consigo mesmo e liderar outros em tempos de caos é uma necessidade urgente. Essa é a razão pela qual incluímos nesta coleção alguns aspectos-chave da sabedoria exigida para trazer à tona nossa verdadeira grandeza. Muitas das ideias contidas neles foram desenvolvidas em parceria com a Brahma Kumaris World

Spiritual University[7], que se dedica ao estudo do desenvolvimento pessoal e de valores humanos.

Hoje, quase todas as organizações estão sendo obrigadas a enfrentar dificuldades sem precedentes. Geralmente, as pessoas não são capazes de se transformar no ritmo que seus planos ou circunstâncias exigem. Isso cria uma tensão em seus relacionamentos profissionais e pessoais; a autoconfiança começa a diminuir; os níveis de estresse aumentam e a saúde começa a se deteriorar; o medo torna-se um dos motivadores dominantes.

Como líderes, recebemos uma avalanche de convites para congressos, cursos e seminários sobre novas tendências de negócios e trabalho. Percebemos que, nas empresas, a necessidade de transformação está no universo individual. Gostaríamos de tornar o mundo um lugar melhor para viver e trabalhar, mas não sabemos exatamente como fazer isso.

Publicações com títulos como *Liderança servidora*, *O líder ético*, *Inteligência espiritual nos negócios*, que têm surgido em abundância nos dias de hoje, nos fazem imaginar se de fato irão abordar esses temas prementes com a devida seriedade e profundidade ou se não passarão apenas de mais um bate-papo informal. Será apenas mais uma rodada de trocas agradáveis de clichês sobre como a transformação dos seres humanos é importante, como a consciência apropriada é essencial para enfrentar nossos muitos desafios, como é necessário implan-

---

7 ONG com *status* de consultoria geral perante o Conselho Econômico e Social das Nações Unidas e a Unicef, com cerca de sete mil agências em cem países. Foi fundada na Índia em 1937.

tar os novos paradigmas, que nos conduzirão à glória e ao sucesso?

Nós nos acomodamos em nossas cadeiras em sessões de cursos e eventos na esperança de que desta vez será diferente, sobretudo porque nosso tempo e recursos são escassos. Temos outras coisas mais importantes a fazer do que perder horas ouvindo interpretações sobre o novo comportamento exigido pelas atuais dificuldades que talvez nem mesmo o próprio palestrante ponha em prática. Após o entusiasmo provocado pela retórica, por brincadeiras e conselhos para uma cultura de transformação, voltamos à realidade de nosso carrossel diário com a reforçada convicção de que é mais fácil falar sobre como fazer brotar o melhor de nós do que atingir esse objetivo. Afinal de contas, cada um de nós é também um desses seres humanos que "precisam descobrir e desenvolver seus próprios valores". É ótimo fazer listas dos valores tão necessários para o profissional, mas praticá-los exige poder e autodisciplina extras, aos quais provavelmente não temos acesso. Pensar que são os "outros" em nosso trabalho (e não nós mesmos) que precisam ser resgatados de sua ignorância e falta de iniciativa acaba sendo um erro muito dispendioso. Qualquer mudança verdadeira começa com nossa própria transformação.

Tópicos abordados **nesta coleção**

Como um líder vai ser capaz de motivar e inspirar outras pessoas se ele está sendo lançado de um lado para outro pelos ventos do furacão? Nesta coleção de três pequenos volumes, veremos alguns dos valores e atitudes básicos que podem ajudar a desenvolver competências humanas e espirituais necessárias para esse desafio. Eles abrangem as seguintes competências essenciais:

SER UM LÍDER SÁBIO | Quando liderar de cima, lado a lado, por trás e a partir de dentro e, enquanto isso, fazer com que os colaboradores sintam que estão realmente progredindo.

OS TRÊS PILARES DA SABEDORIA | Compreensão, reflexão e prática.

AUTOCONSCIÊNCIA | Como a consciência de nossa mais profunda natureza pode estimular o que há de melhor em nós.

CONFIANÇA | Como desenvolver atitudes e comportamentos que inspiram confiança e credibilidade, assim como abrir caminho para habilidades reais de delegação.

RESPEITO | Como dar e conquistar respeito de forma tão natural que as pessoas se sintam honradas por trabalhar conosco.

DIÁLOGO | Como e quando abrir espaço para que os outros digam o que realmente sentem e dar asas a suas possibilidades.

LIDAR COM MUDANÇAS | Como manter a calma e tomar decisões rápidas enquanto se enfrentam as turbulências de uma transformação.

SER ÉTICO | Como honrar as relações com cada pessoa, a sociedade e o meio ambiente.

MANTER O FOCO | Como manter-se fiel a um sentido mais profundo de propósito interior torna-o uma verdadeira âncora em tempos de caos.

PODER PESSOAL | Como desenvolver a força de vontade necessária para realizar as mudanças desejadas em comportamentos e hábitos.

COOPERAÇÃO | Como trabalhar em harmonia com outras pessoas em circunstâncias incertas e exigentes.

SILÊNCIO | Como criar e usar o espaço privado para recarregar as baterias internas.

Neste primeiro volume, abordaremos os tópicos **Ser um líder sábio**, **Os três pilares da sabedoria** e **Autoconsciência**.

Há muitas histórias baseadas em nossas experiências profissionais e pessoais em todo o mundo durante os últimos trinta anos. Algumas ideias podem ser bastante inovadoras, portanto exigem tempo, silêncio e reflexão interna para ser digeridas.

Se conseguíssemos avaliar um pouco a complexidade dinâmica do sistema no qual nossas vidas e patrimônios estão investidos, aprenderíamos uma grande lição, especialmente nesses tempos de previsões apocalípticas. É muito melhor estar preparado para qualquer coisa que venha a acontecer do que planejar meticulosamente um futuro incerto.

Muito se fala em relação ao poder do pensamento para mudar o rumo de um indivíduo em um mundo complexo, mas o poder da vontade é ainda mais forte. Associado a nosso potencial inato, torna-se irresistível!

Está na hora de parar de fazer de conta que podemos continuar insensíveis às necessidades de nosso planeta. A única utopia é acreditar que podemos caminhar rumo a um futuro melhor sem fazer transformações fundamentais na maneira como pensamos e agimos.

A crise mundial não é apenas uma questão de conservar e administrar recursos. É o espírito humano, que literalmente nos dá vida, que precisa de renovação. Quando o trabalho é movido por um propósito maior e imbuído de paixão, tanto os atos como o palco e os atores ganham nova vida.

Espiritualidade não é uma resposta simplista aos inúmeros problemas do mundo, como os já citados anteriormente. É uma dimensão com capacidade de mudar nossas inclinações porque se encontra na raiz delas. Como Einstein nos alertou, não é possível resolver os problemas com a mesma mentalidade que os criamos. Podemos observar esse fenômeno na maioria das organizações, desde a microempresa constituída apenas de uma pessoa, até grandes administrações governamentais compostas por centenas de milhares de funcionários – o erro de pensar que reorganizar as mesmas coisas é na verdade uma mudança. Na verdade, nada essencial muda se a mesma mentalidade (os egos de sempre com as mesmas visões de mundo) insistem em tentar "controlar" as coisas e fingir que elas estão "sob controle".

Uma sociedade complexa exige uma forma mais profunda, significativa e consciente de compreender situações, resolver problemas e ganhar a vida, que possa contribuir positivamente para a sociedade e para o meio ambiente. Empresas mais "espiritualizadas", que contem com pessoas verdadeiramente responsáveis em sua direção e estejam empenhadas em criar futuros individuais e coletivos mais sustentáveis, é o imperativo número um neste mundo incerto e ambíguo do começo do milênio.

Ser um líder sábio

Ser um líder sábio

SABEDORIA É A CARACTERÍSTICA FUNDAMENTAL DE UM LÍDER DE SUCESSO. Ser esperto não é o mesmo que ser sábio. Não existem soluções rápidas para a infinidade de problemas que os líderes enfrentam nos dias de hoje. Devemos aprender a pensar por nós mesmos, mas também ter o bom senso de manter boas relações com aqueles de quem dependemos. Precisamos saber quando comandar a partir de cima e quando trabalhar em conjunto com a equipe para fazê-la sentir que está realmente progredindo. Ao mesmo tempo, devemos liderar a partir de dentro de nós mesmos para sermos capazes de fazer ajustes imediatos de acordo com as circunstâncias. Líderes sábios não são apenas aqueles que executam, nem mesmo os que comandam pelo exemplo, mas aqueles que fazem brotar nos outros seu melhor potencial para que eles próprios se tornem líderes.

Sabedoria não pode ser ensinada. Pode apenas ser aprendida.

Redefinindo **o que é um líder**

Por mais de trinta anos tive a grande satisfação de estar em estreita parceria com uma das líderes mais sábias e inspiradoras do mundo – Dadi Janki. Nascida em 1916, e ainda hoje (2009) dona de uma disposição impressionante, é mundialmente conhecida como grande professora e mentora, ainda servindo de inspiração a muitas pessoas que estão buscando paz e harmonia. Como a principal líder da Brahma Kumaris World Spiritual University, ela inspira carinhosamente pessoas de todas as crenças e posições sociais e profissionais a ser verdadeiras com seus "eus" espirituais e a assumir a própria parte na criação de um futuro melhor. Apesar de ter deixado a escola aos 14 anos de idade, ela é, sem dúvida, uma das pessoas mais sábias que tive a felicidade de conhecer. Em suas próprias palavras:

> O que é serviço? Quando servimos a nós mesmos transformando nossos corações, estamos servindo. A transformação do coração pode alcançar milhares de quilômetros. Não importa quão pouco nos encontremos, deve haver uma ligação de amor. Deve haver uma sensação de realização, um sentimento de companheirismo. Pergunte a si mesmo: que tipo de relacionamentos eu tenho? Qual é a qualidade dos meus relacionamentos com as pessoas? Deixe que outros experimentem a sensação de ter uma amizade espiritual com você.[8]

---

8   Aula proferida no dia 28/6/04 no Global Retreat Centre, Oxford, Reino Unido.

Evidentemente esse é o sentimento que ela inspirou em Tex Gunning, ex-presidente da Unilever do Sudeste da Ásia, que disse:

> Sua liderança não é baseada em qualquer cargo que ela exerça. Seu poder vem puramente de sua credibilidade espiritual. Como líder, quanto mais busquei por modelos, mais eu percebi que isso constitui o mais absoluto poder. Se meu patrão me pede para fazer uma reunião, eu verifico minha agenda antes de tudo. Mas, se Dadi Janki, com quem não tenho nenhum relacionamento formal, me pede para estar em Londres, eu simplesmente pego o avião![9]

Joseph Jaworski, autor do aclamado livro *Sincronicidade: o caminho interior para a liderança*[10], e fundador da Generon Consulting, dá o mérito a Dadi Janki pela inspiração da Iniciativa de Liderança Global, ONG projetada para atacar os maiores desafios que se apresentam à humanidade.

Conhecendo-a como eu a conheço e testemunhando sua incansável jornada dedicada à humanidade na luta por melhorias com a qual está comprometida desde os 21 anos, só posso dizer que ela é o modelo do que um líder pode ser. A lista de suas virtudes é enorme, mas se eu tentasse escolher uma delas diria que é sua dedicação sem reservas ao desenvolvimento de outros seres humanos, sem

---

9 EnlightenNext Magazine. *God can't do it alone*. Disponível em: <http://www.wie.org/j28/dadi-janki.asp>.
10 JAWORSKI, Joseph. *Sincronicidade: o caminho interior para a liderança*. São Paulo: Best Seller, 2000.

se importar com quem sejam eles ou de onde venham. Enquanto escrevo isto, estou ciente de sua programação, que ainda a leva, todos os anos, a muitos países de todos os continentes. Se eu analisar de forma mais profunda sobre a fonte de sua infatigabilidade, o que me vem à mente é sua completa e inabalável relação com Deus e com seu próprio eu verdadeiro. Isso lhe dá uma clareza incrível e restauradora que atinge a todos que a conhecem. As pessoas, depois de encontrá-la, sentem-se inspiradas a tentar atingir o melhor de si mesmas.

De qualquer maneira, conhecê-la criou para mim um novo parâmetro para a definição do que é um verdadeiro líder.

O novo paradigma da liderança

Avanços tecnológicos, expectativas de consumidores e cidadãos e realidades globais estão transformando a forma como as organizações se relacionam interna e externamente. Como consequência, nossa abordagem à cultura e ao trabalho organizacional está sofrendo mudanças radicais. Modelos rígidos e antiquados de administração estão sendo deixados de lado em virtude de sua inadequação em lidar com a complexidade. Descobrir grandes líderes, não apenas para organizações, mas para necessidades urgentes de um mundo em desordem, é um de nossos maiores desafios.

No atual contexto corporativo, estamos ocupados rejeitando tanto as ideias quanto a linguagem de hierarquias inflexíveis, relíquias de um passado mecanicista e taylorista[11] que funcionaram em tempos mais estáveis e passivos. Procuramos outros modelos de administração que permitam àqueles que possuam características e habilidades naturais de liderança desenvolver-se espontaneamente. Ainda vivemos, entretanto, em um período de transição entre o velho e o novo paradigma, algo mais flexível e compatível com o caos da economia, da política e da sociedade do século 21.

Aprendemos pelo modo mais difícil que um líder não é necessariamente aquele que possui um cargo de comando. Há uma grande diferença entre o tipo chefão "sabe-tudo" e um líder autêntico e consciente. Por causa dessa distinção, a questão aqui gira em torno de ser um líder, e não apenas de liderança. O termo "liderança" tornou-se uma *commodity*, muito diferente de viver, na prática, a vida de um líder.

Na verdade, um dos primeiros mitos a serem desfeitos no novo paradigma de liderança é a ideia de que é preciso ter uma designação formal para ser líder. Graças a esse conceito, a liderança tem sido vista mais como uma posição do que como atitude, visão e conduta. Apenas por ocupar determinado posto algumas pessoas são consideradas líderes, mas, na verdade, elas podem não passar de administradores eficientes ou até mesmo supervisores maçantes que não inspiram ou não conseguem inspirar

---

[11] Metodologia desenvolvida por Frederick Winslow Taylor (1856-1915), que visava à completa racionalização e aos processos administrativos nas empresas em que a figura do chefe todo-poderoso prevalecia.

ninguém. Eles não possuem nem a competência necessária nem a sensibilidade para ser líderes no novo sentido que a palavra tem hoje.

Congressos especializados, livros, revistas e até pesquisas de alguma forma idealizam o que é um líder nesses tempos desafiadores. Há um número crescente de adeptos a temas como liderança transformacional, situacional, facilitadora, do funcionário e mesmo espiritual ou baseada em valores. Um dos livros sobre o mundo dos negócios mais vendidos em todo o mundo, *O monge e o executivo: uma história sobre a essência da liderança*[12], certamente mostra o desejo de entender a liderança de forma mais profunda. O problema é que o monge da história, ainda que um ex-executivo que esteve entre os quinhentos mais bem-sucedidos da revista *Fortune*, tornou-se um monge e deixou de ser um executivo enfrentando a realidade dura e crua de dirigir um navio corporativo pelos mares agitados do mundo dos negócios do século 21. Como tal, ele deixa de ser uma referência real para se tornar apenas uma referência idealista.

Líderes iniciantes, saídos desses cursos e seminários, engajam-se entusiasticamente na tarefa de desenvolver suas *performances* e relacionamentos profissionais. Eles divisam a transformação de seus funcionários em equipes de alto desempenho, prontas para participar, de maneira desprendida, do esforço de criar e manter a organização e seus programas. A confrontação com a realidade, entretanto, nos mostra que uma equipe de trabalho participativa não é

---

12 HUNTER, James C. *O monge e o executivo: uma história sobre a essência da liderança.* Rio de Janeiro: Sextante, 2004.

tão fácil de ser construída. Isso requer alguém que genuinamente lidere de dentro para fora e não alguém que tenha memorizado os mais recentes oito passos para ser um incrível "seja-lá-o-que for".

Em virtude dessa transição entre o velho e o novo conceito, existe um abismo entre o que as pessoas que ocupam cargos de liderança querem dar a seus funcionários e aquilo que eles realmente recebem.

Muitos dos "liderados" simplesmente não acreditam que suas ideias e propostas sejam sequer consideradas, quanto mais aceitas. Assim, eles tendem a adotar uma postura cética de "braços cruzados". Além disso, receiam quaisquer tentativas de inovação – uma consequência dos muitos planos anteriores que visavam à uma grande participação, mas renderam poucos resultados. A direção era o Norte, mas acabaram ficando um pouco a oeste do Sudeste.

Essa frustração, para o líder, aparece na seguinte citação:

> Após tantos anos nos defendendo da vida e buscando melhores controles, nós nos sentamos exaustos nas rígidas estruturas de organização que criamos, nos perguntando o que aconteceu. O que aconteceu com a efetividade, com a criatividade, com o sentido? O que aconteceu conosco? Tentar mudar essas estruturas torna-se o desafio de nossas vidas. Nós desenhamos seus futuros e os projetamos com formas claramente melhores. Nós incitamos, cutucamos. Tentamos usar o medo, tentamos a sedução. Coletamos ferramentas, estudamos

técnicas. Usamos tudo o que sabemos e acabamos em lugar nenhum. O que aconteceu?[13]

Apenas se pergunte se alguma vez já tentou mudar sistemas e estruturas sem modificar a mente e as atitudes, o que apenas faz com que as coisas continuem como estão. Essa inércia tem um grande impacto nos "liderados", que permanecem à espera de alguma luz no fim do túnel. O problema é que, muitas vezes, essa "luz" vem de um trem que se aproxima. Se o líder falha ao agir decisivamente, os "liderados" caem nos mesmos velhos padrões.

Quando as coisas estão empacadas, como descritas na citação, a passividade dos "liderados" age, involuntariamente, contra todas as mudanças que produziriam papéis mais ativos e eficazes para eles no processo de tomada de decisão. Na ausência de progressos reais, os detentores da autoridade formal encontram-se de novo forçados a retomar o espaço que haviam aberto temporariamente para seus colaboradores (reassumindo seu papel de patrão). Colaboradores, que poderiam ter se revelado em uma estrutura mais livre, congelam sua criatividade e voltam para seus antigos e desgastados espaços dentro da organização, em uma mistura de silêncio frustrado e protesto disfarçado. Os comentários circulam. Mais um projeto para desenvolvimento de capacidade administrativa que vai se somar à pilha dos planos que não deram certo. Mais um dispendioso curso de liderança que desce pelo ralo.

---

[13] WHEATLEY, Margaret; KELLNER-ROGERS, Myron. *A simpler way*. Berret-Koehler Publishers Inc., 1996

Na essência, não basta simplesmente incorporar o novo estilo de liderança. É necessário imprimir novas condutas e atitudes que sejam coerentes com as circunstâncias. Os mais elogiados conhecimentos técnicos e desenvolvimentos de capacidades não são suficientes. Condutas egoístas e de autopromoção são inadequadas. Precisamos de sabedoria.

Novas condutas e **atitudes de um líder**

As qualidades de um líder verdadeiro e consciente nascem do trabalho interno realizado em nós mesmos. Elas não surgem de uma posição ocupada, de uma norma ou de um decreto. Ser ou não ser esse líder é uma questão de conduta, caráter e personalidade. O que, por sua vez, vem das atitudes e da visão que usamos para nos guiar de dentro para fora. O equilíbrio entre três fatores – atitudes, relacionamentos e situações – produz a química de uma boa liderança.

Se permitirmos que a conduta de nossos colaboradores ou as adversidades das circunstâncias nos dominem, perderemos a identidade e o autocontrole necessários para sermos verdadeiros líderes. Se nos mantivermos concentrados e firmes em relação ao que realmente somos, com toda a força positiva de nosso caráter, os colaboradores e as situações tenderão a nos favorecer.

Algumas espécies de animais sobrevivem em bandos sem definir ou eleger um líder. Grupos humanos que trabalham juntos para os mesmos fins precisam da ajuda daqueles que estão dispostos a interpretar e transmitir a complexidade do que ocorre à sua volta de maneira inteligível e até mesmo inspiradora. As pessoas, em sua maioria, querem que seu trabalho seja o mais fácil e significativo possível e gostariam de alguém que as ajudasse. Precisam de um líder que tenha coragem de romper tradições e cômodos clichês e saiba mostrar-lhes qual o melhor caminho a seguir.

Apesar dos muitos cursos sobre liderança, mesmo aqueles que distribuem diplomas, um verdadeiro líder só se torna merecedor de seu título a partir daqueles que são liderados por ele. Apenas responda a uma simples pergunta: as pessoas ficam mais felizes quando você chega, ou quando você vai embora? Ou elas são indiferentes à sua presença? Sentimentos que vão do ódio à inspiração marcam as opiniões pessoais dos "liderados" em relação a seus líderes.

Podemos fazer uma comparação com os antigos exércitos da Índia, constituídos de *maharathis* (condutores de elefantes), cavalaria e infantaria. Os *maharathis* marchavam à frente abrindo caminho para a cavalaria e a infantaria.

O líder sábio é um tipo moderno de *maharathi*, que encontra soluções para situações complicadas e abre caminho para aqueles que o seguem. Faz isso de tal forma que se torna um exemplo para os outros. Ele não precisa ter todas as respostas na ponta da língua, mas é capaz de gerar soluções de maneira participativa.

Apesar da cultura do herói, que permanece viva e bem no meio organizacional, representada por figuras como

Jack Welch, Lee Iacocca, ou mesmo ícones espirituais como Madre Teresa e o Dalai-Lama, o líder não precisa ser motivado por alguma visão fantástica do futuro ou possuir talentos incríveis. Leonardo da Vinci escrevia com uma mão e desenhava com a outra... ao mesmo tempo! Nem tente isso.

Um líder sábio precisa apenas conservar-se estável em seu autorrespeito para perceber os potenciais de seus colaboradores e ajudá-los a trazê-los à tona. Ele percebe corretamente as mensagens inerentes às situações e tem confiança em sua habilidade de criar um futuro melhor para si mesmo e para aqueles que estão ao seu redor. Não se trata de tentar ser alguém que não se é, mas de ser o melhor "você" que é possível ser. Essa é a base da autenticidade. A frase que melhor descreve isso é "Faço o que eu digo".

Fazer o que se diz

Certa vez, uma mulher muito pobre da Índia tinha um filho de 5 anos que era diabético e, portanto, proibido de consumir açúcar. Como ele não conseguia ou não queria parar de comer doces, ela disse ao marido que levaria o filho a Delhi para ver Gandhi. Ela partiu e, depois de andar muito, pegar trens, implorar por caronas e ainda ter de esperar em uma longa fila, finalmente chegou até ele.

Explicou-lhe sua história. Gandhi fez um sinal com a cabeça e disse a ela que voltasse em dois meses com o garoto. Dois meses mais tarde, após outra exaustiva jornada, eles finalmente chegaram a Gandhi. Ele pediu à mulher que deixasse o garoto com ele por meia hora. Quando ela voltou, o garoto estava sentado no joelho de Gandhi, com os olhos arregalados. "Ele não comerá açúcar novamente", disse Gandhi. "Mas, Mahatma, por que você não me falou o que acabou de dizer a ele? Por que precisei voltar depois de dois meses?", perguntou a mulher.

Gandhi respondeu que ele não podia dizer à criança para parar de comer açúcar já que ele mesmo não estava preparado para fazer isso. Naqueles dois meses, o próprio Gandhi não ingerira nada que tivesse açúcar.

Imagine só o impacto que isso causava não apenas nas pessoas que trabalhavam com Gandhi, mas naqueles que entravam em contato com ele.

Fazer o que se diz é apenas uma das qualidades. Segundo um estudo mundial,[14] líderes são:

CONTROLADOS. Lidam com as frustrações de maneira equilibrada.

CONCILIADORES. São abertos em seus relacionamentos e, com base na confiança, conseguem conciliar os interesses conflitantes de seus executivos.

CONFIANTES. Demonstram segurança mesmo quando precisam tomar decisões de alto risco.

ENTUSIÁSTICOS. Encaram situações adversas sem perder o entusiasmo ou a persistência.

---

14   Estudo realizado por Korn Ferry, baseado em um banco de dados com o perfil de cerca de quinhentos mil executivos. Revista *Exame*, 835 ed. São Paulo: Editora Abril, 2006.

DISCERNIDORES. São concentrados, metódicos e têm a capacidade de organizar ideias, além de possuir critérios definidos para resolver situações complexas.

FLEXÍVEIS. Não se perdem diante de situações ambíguas ou obscuras, nem ao enfrentar decisões difíceis.

COMPREENSIVOS. Tentam entender as equipes e aquilo que as motiva. Também sabem identificar seus pontos fracos e fortes.

ENVOLVENTES. Exibem um estilo participativo de liderança e buscam perspectivas inovadoras e o consenso da equipe para resolver problemas.

FAZER LISTAS É FÁCIL

Qualquer que seja a metodologia usada na pesquisa desse exemplar único, a questão que vem à mente é: onde podemos encontrar pessoas com essas habilidades sem que se pareçam com algum tipo de anjo em corpo de gente? Se refletirmos sobre o significado real de cada uma dessas características, veremos quanta sabedoria e poder seriam exigidos para manter tal comportamento, especialmente em situações extremas.

Em San Salvador, capital do pequeno El Salvador, pouco depois que os acordos intermediados pelas Nações Unidas puseram fim a doze anos de guerra civil, fui convidado a apresentar um seminário a um grupo de líderes empresariais organizado pela Câmara de Comércio local. Pedi que listassem os princípios necessários para reconstruir o país depois de uma guerra tão devastadora em que setenta mil pessoas perderam suas vidas. Um dos principais problemas foi que grupos de ex-combatentes do movimento esquerdista FMLN continuavam armados e desempregados. Parte do acordo das Nações Unidas também era que 102 oficiais do exército salvadorenho teriam de ser dispensados. Mas até aquele momento nenhuma ação havia sido tomada. O clima de medo ainda pairava no ar, com saques acontecendo em todos os lugares. Eles ainda não haviam tido tempo de processar a desgraça e os desafios que atrasariam o desenvolvimento da economia provavelmente por décadas.

Rapidamente fizemos a lista: respeito, cooperação, confiança, perdão e diálogo – este último item muito enfatizado. Perguntei se tinham entendido como conduzir um diálogo aberto em que todos os interesses pudessem ser representados, não apenas deixando as armas reais de lado, mas de maneira que pudessem participar de negociações desarmados também emocionalmente. Eles admitiram com toda sinceridade que isso seria extremamente difícil. Hoje, mais de quinze anos desde o fim da guerra, a maioria dos acordos foi seguida, na que foi considerada uma das mais bem-sucedidas intervenções das Nações Unidas até o momento.

"DESCARRILADORES"

Por outro lado, quão fácil é desenvolver atitudes que podem arruinar de vez o avanço no momento de implementar programas de mudanças? Um estudo sobre liderança[15] de 2001,

---

15   BERNTHAL, Paul R.; WELLINS, Richard S. *Leadership forecast 2001: a benchmarking study*. Executive summary, 2001.

realizado pela Development Dimensions International (DDI) com 2.766 líderes e 2.969 associados de diferentes organizações, concluiu que mais de 69% dos chamados "líderes" apresentam diversas características de personalidade que podem acabar tirando suas carreiras dos trilhos:

16% APRESENTAM um estilo de liderança tão "imperceptível" que se convertem em desconhecidas interrogações para os que o cercam – invisíveis a ponto de não prover nenhuma orientação ou direção à organização.
23% SÃO tão controladores e detalhistas que as pessoas só querem saber de sair de perto.
30% SÃO "excessivamente materialistas" (não sensíveis o suficiente).

A DDI e outras agências identificaram onze "descarriladores" que põem à prova a um custo muito alto não apenas a carreira individual, mas também a própria organização. São eles:

» Impulsividade.
» Baixa flexibilidade diante da incerteza.
» Arrogância.
» Microgestão.
» Autopromoção.
» Inconstância.
» Aversão a riscos.
» Postura defensiva.
» Falta de percepção.

» Necessidade de aprovação em excesso.
» Excentricidade.

Escolha um dos itens das listas anteriores de virtudes ou desta última. Em qualquer um dos casos, o diferencial é ter sabedoria suficiente para ser o melhor "você" que conseguir ser, para o maior número de pessoas.

RECONHECER OS OUTROS

Certa vez, no Sul da Índia, organizei um seminário para a equipe de executivos de um dos maiores grupos empresariais do país. O tema era liderança e autogestão, sobre como a competência para liderar outras pessoas começa com a capacidade de liderarmos a nós mesmos. Enquanto eu estava diante daqueles quarenta administradores e diretores, percebi que seria um grande desafio ajudá-los a entender esse conceito. As mesas estavam dispostas em forma de U, e em frente a cada um deles foi formalmente colocado um cartão com seus respectivos nome e cargo – ainda que todos se conhecessem havia anos. Psicologicamente, estavam todos se escondendo atrás dessa etiqueta.

Em certo momento, para "quebrar o gelo", pedi a cada um dos participantes que mudasse de mesa e fizesse par com algum colega que não conhecesse muito bem. Para minha surpresa, o vice-presidente de uma empresa juntou-se ao seu principal assistente. Eu sabia que eles trabalhavam juntos há pelo menos vinte anos!

Pedi a todos que relatassem o momento mais significativo de seu trabalho com a empresa, depois do qual deveriam fazer uma avaliação de seus parceiros. O assistente do vice-presidente ficou extremamente emocionado, pois, segundo ele, era a primeira vez em vinte anos que recebia um *feedback* positivo de seu chefe!

Uma das mais importantes características de um líder sábio é saber quando, onde e quem elogiar, e fazê-lo de tal forma que a pessoa se sinta valorizada e capaz, sem, com isso, lançá-la em uma "ego trip". Nem sempre é tão fácil, como veremos a seguir.

Quatro indicadores de um **líder sábio**

Considerando que o líder já tenha as aptidões e a competência necessárias para seu trabalho, por experiência própria eu diria que há quatro indicadores principais que mostrarão se ele é sábio e também consciente:

» Capacidade de adaptação.
» Busca por um propósito maior.
» Habilidade de cultivar pessoas e situações.
» Humildade.

Iremos descobrir como esses aspectos se interligam.

CAPACIDADE DE ADAPTAÇÃO

Frederico, o Grande, rei da Prússia no século 18, disse certa vez que os soldados "só podem ser mantidos sob controle pelo medo", devendo, portanto, ser moldados para "temer seus oficiais mais do que todos os perigos a que são expostos [...] boa vontade nunca pode persuadir o soldado raso a fazer frente a tais perigos; ele só o fará pelo medo".

Isso, de certo modo, é a essência da mentalidade "comando e controle" que pode ter funcionado em épocas menos complexas. Hoje, não é o medo que realmente move as pessoas para ações significativas, mas a inspiração e a compreensão, além de uma imensa dose de boa disposição. Não é medo o que um líder deve instilar em sua equipe para levá-la às maiores alturas, mas a capacidade de fazê-la mover-se por si mesma. Para isso, a sabedoria nos diz que precisamos ter capacidade de adaptação.

Em vez de impormos normas rígidas como as que Frederico aplicava nas manobras que seus homens executavam na guerra contra a Áustria, precisamos enxergar cada situação como ela é. Há três fios entrelaçados que criam a química da liderança – nosso estado interior de preparo, o verdadeiro estado de espírito de nossos colaboradores e a complexidade da situação em si no momento em que ela ocorre. Desses três fatores, o único do qual podemos ter uma dimensão de controle real é o do nosso próprio eu.

Um dos grandes sinais de verdadeira sabedoria prática é a habilidade de fazer ajustes imediatos, de acordo com as circunstâncias. É fácil ser sábio depois que as coisas acontecem. "Eu deveria ter feito isso, eu deveria ter falado de tal jeito." "Eu teria me saído melhor se tivesse feito aquilo." "Da próxima vez, me sairei bem." É muito mais difícil estar preparado de antemão e ter um estado de espírito leve e calmo que possa fluir com os acontecimentos. Isso não quer dizer que não devemos planejar atingir os melhores resultados possíveis. Liderança sábia significa que nós realmente tentamos o melhor e estamos preparados para qualquer eventualidade.

Desativar explosivos

Nos primeiros movimentos de ambos os lados em um jogo de xadrez, existem bilhões de possibilidades. No jogo mais complexo da vida e do trabalho, tudo pode acontecer a qualquer momento e a qualquer um. Nossa complexidade interior interage com a dos outros e com as próprias circunstâncias e produz as reações "químicas" correspondentes. Imagine alguém em uma praia dizendo ao oceano para tentar controlar suas ondas. Às vezes é exatamente assim que nos comportamos enquanto as ondas das circunstâncias avançam em nossa direção.

Quando as coisas não acontecem da forma que queremos ou planejamos, perdemos a calma em vez de fazer ajustes de emergência à nossa realidade. A frustração nos leva a direcionar a atenção para aquilo que deu errado ou a buscar um culpado, em vez de nos concentrar no que deve ser feito para resolver o problema e no estado de espírito necessário para a obtenção de um resultado bem-sucedido. Quando não há capacidade de adaptação, a raiva surge conforme tentamos forçar as circunstâncias a se desenrolar e as pessoas a agir de acordo com nossos caprichos. A alusão popular ao "pavio curto", indicando irritabilidade de temperamento, é errônea. O problema não é o pavio, mas os explosivos que estão na dinamite. Se a mistura interna torna-se inócua, não importa a extensão do pavio. Como disse Friedrich Nietzsche: "O aumento da sabedoria pode ser determinado exatamente pela diminuição do mau humor". Buda exemplificou isso mais além dizendo que "Agarrar-se à raiva é como pegar um carvão em brasa com o intuito de jogar em outra pessoa; quem está se queimando é você".

Mesmo sabendo que realmente não podemos controlar os outros ou seus pensamentos e sentimentos, insistimos em fazer isso. É como se o controle que imaginávamos ter sobre os outros se tornasse um pobre substituto para a falta de controle que temos sobre nós mesmos. Da mesma forma, não ditamos o modo como os governos, os mercados e os consumidores se comportam. Conseguimos controlar apenas o modo como compreendemos as situações, e não as situações em si. Apenas mudando as percepções e atitudes é que podemos influir na maneira como as coisas se transformam.

Reações sábias

Existem cinco passos para garantir uma reação sábia a circunstâncias difíceis ou obstáculos.

FOCAR NAQUILO QUE É REALMENTE ÚTIL, produtivo ou significativo e parar de dar atenção àquilo que não tem relevância. Em outras palavras, separar o que é real do que não é. Ver a essência e não se perder na amplidão.

MANTER A ABERTURA PARA APREENDER O APRENDIZADO que cada situação carrega em si. Cada cena do drama do trabalho e da vida nos apresenta uma mensagem. É como se estivessem segurando uma placa em que alguma ordem está escrita, como: "Siga em frente", "Pare", "Reflita", "Seja paciente" – e por aí vai. Apenas leia os avisos conforme eles aparecem.

FIQUE NA CONFLUÊNCIA ENTRE O PASSADO E O FUTURO e entenda a amplitude do contexto do que está acontecendo no presente. Toda cena tem seus antecedentes, seu impacto no presente e suas consequências futuras. Perceba-os. Verifique o quão longe você pode enxergar, além de quaisquer possíveis obstáculos.

PRESERVE SUA ESTABILIDADE INTERNA mantendo-se um observador imparcial. Entenda que nada nem ninguém podem realmente mudar sua essência interior positiva. Você é o único que pode fazer isso. Você é o criador e a atmosfera interior, a sua criação.

LEMBRE-SE DE QUE SUA MISSÃO É, antes de mais nada, servir. Colocando energia positiva na situação que está vivendo, você será capaz de transformá-la em algo melhor. Ao fixar sua visão nas virtudes das pessoas, vai ajudá-las a se sentir capacitadas.

A sabedoria é medida pela rapidez com que conseguimos nos adaptar a novas circunstâncias e ao estado de espírito alheio.

BUSCA POR UM PROPÓSITO MAIOR

A famosa escritora britânica Dorothy Sayers definiu, desconsoladamente, a ausência de um sentido de algo maior que pudesse nos tirar de nossa complacência:

> No mundo isso é chamado de tolerância, mas no inferno é conhecido como desespero. O pecado que não acredita em nada, não se importa com nada, não busca conhecer nada, nada aproveita, não encontra propósito em nada, vive para nada, mas permanece vivo porque não há nada por que morreria.[16]

Todas as pessoas sábias são movidas por um propósito maior, algo que vai além da necessidade individual do ego de afirmar-se em um mundo de outros egos e das reações superficiais a situações compreendidas superficialmente. Com uma conexão mais profunda com nosso eu interior, nós nos enraizamos mais firmemente em nossos princípios inatos. A expressão desses princípios é nosso propósito maior – nossa razão mais profunda de estarmos aqui e fazermos o que fazemos. A expressão desse propósito em nossas vidas é nossa visão do que é possível. Sem ela, provavelmente não descobriremos os meios para nos tornar o melhor que pudermos ser. Não teremos controle das dimensões físicas, emocionais, mentais e espirituais de nossa existência que são necessárias para trazê-lo para fora. Ambas as conexões – interna e externa – são necessárias para ter uma vida plena.

---

16 SAYERS, Dorothy L. *Spiritual writings*. (Selecionados por Ann Loades). Boston: Cowley Publications, 1993.

Todos estamos, de alguma forma, continuamente aprendendo a fazer isso.

O mundo corporativo mostra o valor de tal reflexão no aspecto coletivo, frequentemente implícito no estabelecimento de valores e princípios de orientação e no objetivo de contribuir para um mundo melhor – e não apenas em função de maiores lucros –, defendido por um líder sábio.

Casos que envolvem um propósito maior – individuais e coletivos

No início dos anos 1990, a Levi Strauss passava por um período muito difícil em virtude da forte concorrência. Ela foi reorganizada segundo os seguintes princípios:

- Desafiar velhos conceitos todos os dias.
- Tratar clientes e fornecedores como parceiros.
- Eliminar a distinção entre administradores e funcionários.
- Redesenhar os limites entre assuntos profissionais e pessoais.
- Criar condições para seus funcionários terem acesso a todo o seu potencial e, da mesma forma, para assumirem responsabilidades pessoais por sua contribuição para que se sintam como donos.
- Condensar o tempo como uma vantagem competitiva.
- Interessar-se pela comunidade.
- Não manter segredos.

Na época, foi publicado um relatório que mostrava que seus parceiros na China estavam usando mão-de-obra escrava, incluindo crianças, conduta totalmente contrária a alguns desses princípios.

O mais alto executivo da empresa, Robert D. Hass, anunciou que, apesar das consequências comerciais, a Levi Strauss abandonaria todas as *joint-ventures* na China, pois não poderia continuar a endossar um modelo de negócios que ia de encontro a seus princípios fundamentais. A mídia especializada do mundo dos negócios protestou contra a insensatez de tal medida e previu o fim da companhia. Longe da Wall Street, a MTV divulgou a notícia a seu público, composto em sua grande parte por jovens (consumidores de *jeans*, em sua maioria). Os telespectadores, ao tomarem conhecimento da história, acharam fantástico a Levi's manter-se firme em relação a seus princípios. Houve um aumento impressionante nas vendas de qualquer produto que levasse a marca Levi Strauss. As ações deram um enorme salto e a companhia estava salva.

Esses princípios serviram também a outro propósito – o de ajudar a capacitar os funcionários. Robert D. Hass comentou depois que, na Levi Strauss, dezoito mil pares de olhos e ouvidos estão sempre sintonizados com a realidade de seus desafios. Ele queria envolver o maior número de pessoas possível para desenvolver um estilo de gestão que "dá ao trabalhador a confiança para reagir às mudanças no momento em que acontecem, em vez de esperar até que algum estudo chegue pronto ao escritório da presidência."[17]

---

17 STEPHAN, Eric; PACE, R. Wayne. *Powerful leadership: how to unleash the potential in others and simplify your own life*. Financial Times Prentice Hall, 2002.

Mesmo hoje podemos ver os valores e o propósito implícitos constituir o gerenciamento ético e responsável de produtos. Esta é a declaração de compromisso apresentada em seu site:

> Nossos valores corporativos – Empatia, Originalidade, Integridade e Coragem – são os fundamentos de nossa companhia e definem quem somos. Eles sustentam o modo como competimos no mercado e a forma como nos comportamos como cidadãos corporativos. Eles guiam nossos programas de doação a fundações, o apoio que damos às comunidades onde estamos presentes comercialmente, nossos programas de engajamento da comunidade de funcionários e nossa abordagem ao gerenciamento responsável de produto. Nossos valores preparam nossa visão do futuro e refletem o legado de nosso fundador, Levi Strauss.[18]

O sentido de um propósito maior levou a Levi Strauss a ser uma das primeiras empresas a inserir um código de conduta que estabelece medidas específicas para seus fornecedores, em áreas como política de contratação baseada exclusivamente na capacidade do funcionário, liberdade de associação, saúde e segurança do trabalhador. Elas também abrangem padrões ambientais, como a qualidade da água usada em lavanderias.

Tive a sorte de ajudar uma empresa de alimentos no Brasil que lutava para entrar em contato com seu próprio

---

18 Disponível em: <http://www.levistrauss.com/Company/ValuesAndVision.aspx>.

senso de propósito. A empresa passou por uma séria crise no início dos anos 1990. Era uma das maiores fornecedoras de merenda escolar do país. Uma mudança na legislação determinou que tais serviços passariam da esfera federal para a municipal. Da noite para o dia, a empresa perdeu seu maior cliente – o governo federal –, e suas vendas despencaram de US$ 67 milhões por ano em 1991 para apenas US$ 7 milhões em 1997.

Sem seu principal negócio e com o governo ainda devendo $ 50 milhões à empresa, seu presidente decidiu investir no potencial humano e reinventar a organização. Entre outras medidas, ele introduziu a prática de diálogos de investigação apreciativa abrangendo todo o sistema envolvido no processo, administradores, trabalhadores, clientes, consumidores e fornecedores. Ele fechou a fábrica por dois dias e começamos a trabalhar com mil pessoas sentadas em mesas de dez. Em cada mesa, havia trabalhadores de linha de produção ao lado de gerentes, equipe administrativa, clientes, consumidores e fornecedores. Eles tinham uma pergunta básica: "O que podemos fazer para servir melhor?" Não se focava aquilo que eles não poderiam fazer, mas o que deveriam fazer para dar a todo o sistema uma vida nova. Esse sistema de diálogo, chamado "Investigação Apreciativa", é baseado na capacidade de questionar e explorar o desenvolvimento da empresa de maneira positiva.[19] Foi repetido anualmente por três anos – a cada vez conduzindo todo o sistema em direção a um maior senso de propósito.

19 Desenvolvido pelo prof. David Cooperider da Case Western University, Cleveland. Disponível em: <http://ai.cwru.edu>.

O objetivo de criar um ambiente de diálogo positivo para toda a empresa e de concentrar-se em soluções e não em problemas teve um impacto muito forte. Eles descobriram que seu propósito não era fabricar produtos, mas produzir saúde. Passaram a se enxergar como uma parte importante dos sistemas nutricional e de saúde do planeta. Sem nenhum aumento significativo nos investimentos de capital e em decorrência do clima positivo e cooperativo que a prática de diálogos apreciativos criou, as vendas cresceram 100% entre 1997 e 2001. A grande novidade foi que os rendimentos cresceram 500% no mesmo período por causa dos baixíssimos custos operacionais.

O renovado senso de propósito que tivemos êxito em criar resultou em valores reais praticados, o que foi obviamente notado por seus clientes. Apesar de ser uma empresa local de médio porte, ela é líder de mercado em sua linha de produtos, em oposição a gigantes como a Nestlé e a General Mills.

Nada disso teria sido possível não fosse pela coragem e percepção do seu presidente, que se empenhou para descobrir um novo propósito coletivo para seus funcionários. Sem capital financeiro, era tudo o que poderia fazer. Certamente, ele foi movido por sua necessidade de servir não apenas àqueles com quem trabalha, mas à sociedade em geral.

O mundo possui muitos "líderes" que são capacitados, mas provavelmente não têm consciência das reais necessidades e potencialidades das pessoas com quem trabalham e, acima de tudo, da urgência dos tempos. Ser capacitado, mas, ao mesmo tempo, não ter consciência de suas responsabilidades mais amplas pode ser perigoso.

**A habilidade de questionar
o que estamos fazendo com nossas vidas**

Há alguns anos, fui convidado para apresentar uma palestra em um fórum sobre qualidade de administração pública, organizada pelo então governador do Estado de Guanajuato, no México, Vicente Fox. A pessoa que falou antes de mim foi um coronel do exército americano cuja unidade havia vencido o Prêmio de Qualidade em Administração Pública no ano anterior. Sua unidade cuidara dos contratos dos fornecedores das Forças Armadas americanas, incluindo desde bombas, helicópteros, submarinos, rifles, até ogivas nucleares.

Em sua apresentação bastante formal, ele enfatizou a extrema importância da precisão em tudo. Percebi que, em nenhum momento de seu discurso, ele mencionou as palavras "ser humano". Quando me levantei para minha palestra, admiti não estar me sentindo muito à vontade. Considerando tudo por que já havia passado em minha vida, eu jamais poderia associar o conceito de qualidade com a logística de bombas. Falei abertamente sobre uma visão mais compreensiva de qualidade, fazendo um apelo apaixonado para a inclusão de aspectos mais amplos, como relacionamentos de trabalho e responsabilidade social e ambiental. Dedicar uma rígida atenção à submissão às especificações sem considerar o impacto que terão na sociedade provavelmente é uma das razões pelas quais chegamos ao mundo maravilhoso da tecnologia de acesso para poucos privilegiados e à desordem social e ambiental da qual todos fazemos parte.

Naquela noite, um jantar especial foi oferecido aos participantes. Ao chegar, sentei-me com o coronel e comecei a conversar com ele sobre as palestras daquele dia. Ele admitiu ter ficado impressionado com as outras dimensões de qualidade que eu havia apresentado e que, de fato, ele nunca havia se questionado em relação ao que estava fazendo – se era certo ou errado. Ele apenas seguia as ordens da melhor maneira que podia e usava sua iniciativa quando possível. Agora que estava prestes a se aposentar, começara a ter dúvidas sobre o que fazer de sua vida. Ele poderia facilmente conseguir um cargo de diretor em uma das companhias que mencionara anteriormente. Essa é a maneira como a "porta giratória" do sistema costuma funcionar. Perguntei se tinha alguma outra opção, e ele respondeu que já lecionara e fora muito feliz fazendo isso. Se ele acabou voltando a dar aulas eu não sei. Só sei que só conseguiremos ser realmente felizes se aprendermos a usar nosso tempo, dinheiro e energia de uma forma que valha a pena. Qualquer um que tenha a intenção de se tornar um líder consciente precisa se fazer essa pergunta: o que eu faço é realmente vantajoso para mim, para os que me rodeiam e para o mundo como um todo?

Fazer questionamentos tão profundos requer a capacidade de mergulhar em nós mesmos e ser o mais objetivos que pudermos. Trataremos disso mais adiante.

HABILIDADE DE CULTIVAR PESSOAS E SITUAÇÕES

Posto que o conceito moderno de liderança servidora foi desenvolvido por Robert K. Greenleaf em 1970 e tem sido defendido por autores como Stephen Covey, Max De Pree e Margaret Wheatley, a forma como tem sido colocado hoje em dia pode ser apenas uma nova modalidade de gestão para enriquecer o modismo passageiro de consultores. Baseia-se em princípios atemporais de ajudar a nutrir aqueles a quem servimos para que eles possam servir ainda melhor. Isso enfatiza o papel do líder como administrador de recursos humanos, financeiros e naturais.

Harry Joiner, um caçador de talentos norte-americano, declara em seu *blog*:

> Não há uma semana em que eu não receba um telefonema de um VP ou RH à procura de um VP de Marketing que seja um "líder servidor". Liderança servidora parece ser o objeto do desejo dos dias atuais. Todas as empresas querem líderes servis, mas poucas parecem saber muito sobre liderança servidora. Eles fazem o discurso, mas fazer o que se prega é muito mais difícil.[20]

Segundo a Wikipedia, a liderança servidora "encoraja líderes a servir aos outros estando focados em alcançar resultados alinhados com a integridade e os valores da organização". Isso parece um despropósito – estar focado em apenas um objetivo e ao mesmo tempo cuidar das

---

20   JOINER, Harry. "Humility: the core of servant leadership". Disponível em: <http://www.mpdailyfix.com/2007/01/humility_the_core_of_servant_l.html>.

necessidades daqueles que dependem de nosso forte senso de liderança.

Essa abordagem baseada na integridade tem sua raiz na antiguidade.

Enquanto conversava com seus discípulos, Jesus disse:

> Como vocês sabem, os reis e os grandes homens da terra agem como senhores das pessoas; mas entre vocês é diferente. Aquele que quiser ser grande entre vocês deve ser seu criado. E aquele que quiser ser o maior deverá ser o escravo de todos. Mesmo eu, que sou o Messias, não estou aqui para ser servido, mas para ajudar ao próximo e dar Minha vida como resgate para muitos.[21]

No Capítulo 17 do *Tao-te-ching*, a alusão ao que constitui a liderança é ainda mais direta:

> Os melhores líderes são aqueles que as pessoas mal têm conhecimento.
> O segundo melhor é um líder que é amado e louvado.
> Depois, vem aquele que é temido.
> O pior de todos é aquele que é desprezado.
> Se você não confiar nas pessoas,
> elas se tornarão indignas de confiança.
> Os melhores líderes dão valor a suas palavras e usam-nas frugalmente.
> Quando ele acaba de cumprir sua tarefa,

---

21 Marcos 10:42-45.

as pessoas dizem: "Incrível: conseguimos tudo por nossa conta!"[22]

É claro que, na teoria, isso parece muito bonito. Na prática, o conceito de servir aos outros pode ser mais bem traduzido pela ideia de estimulá-los.

Líderes, como estimuladores, procuram conscientemente fazer aflorar o que há de melhor naqueles que eles lideram, enquanto encorajam sua manifestação e seu crescimento pessoal com o objetivo de construir um verdadeiro senso de comunidade. Tudo isso é feito sem nunca perder de vista os resultados exigidos nos negócios. Estimular a liderança é, dessa maneira, a total antítese da mentalidade "comando e controle". Isso requer daqueles que estão no comando refletir mais sobre como respeitar, confiar e inspirar pessoas ao se dirigir a elas.

Ser um líder subentende se destacar da multidão, fazer o inesperado, desafiar o *status quo* e muitas vezes tomar decisões impopulares. Isso pode parecer contrário à disposição para servir quase que de um monge e muito presente nos escritos de Lao-Tsé. É uma questão de compreender que o tempo e o espaço de outras pessoas e situações sempre têm de ser "servidos" de acordo as suas verdadeiras necessidades.

Ernest Shackleton, um explorador do começo do século 20 é um excelente exemplo de um líder servidor. Depois que seu navio Endurance congelou e acabou destruído, ele

---

[22] *Tao-te-ching*. Disponível em: <http://www.geocities.com/shoshindojo/>.

levou seus homens a se refugiar na ilha Elefante antes de atravessar 1.300 quilômetros até a Geórgia do Sul em um barco aberto com mais cinco outros homens. Enfim, ele chegou a uma estação de pesca de baleias, de onde foi capaz, finalmente, de resgatar seus homens da ilha Elefante. Todos os 27 homens do Endurance sobreviveram à provação. Embora tenha levado dois anos para resgatá-los, o senso de responsabilidade de Shackleton em relação a seus homens nunca se abalou.

As perguntas de Robert Greenleaf nos ajudam a lembrar do que realmente se trata a liderança servidora:

> Os que são servidos crescem como pessoas? Enquanto são servidos, eles se tornam mais saudáveis, sábios, livres, autônomos, mais inclinados a se tornar eles mesmos servidores? E qual o efeito nos menos privilegiados da sociedade? Eles serão beneficiados ou, pelo menos, deixarão de ser excluídos? [23]

Tudo o que temos de fazer é experimentar agir dessa forma com nossas equipes. Cuide deles e eles cuidarão de si próprios e do trabalho que tiverem de fazer, e você ficará em seus corações. As crianças e as pessoas que lideramos têm coisas em comum. Eles são como sementes do futuro. Como sementes, tudo o que temos a fazer é nos certificar de que eles têm condições saudáveis de crescimento – solo bom (ambiente de trabalho), bastante luz (sabedoria e conhecimento) e água suficiente (cuidado e

---

[23] GREENLEAF, Robert K. "What is servant leadership?" Disponível em: <http://www.greenleaf.org/whatissl/index.html>.

amor). Eles automaticamente se desenvolverão para se tornar o melhor que puderem ser. Se a semente não se desenvolver bem, a despeito de tantos cuidados no cultivo, então o problema está na semente em si.

HUMILDADE

Por sua própria natureza, a humildade não está no topo da lista do que é ensinado em cursos de administração e liderança. Nesse mundo *high-tech*, caótico e limitado por prazos, as pessoas esperam que seus líderes sejam dinâmicos, autoritários, competentes e determinados. Inspirar os outros a dar o melhor de si com humildade é, muitas vezes, uma preocupação secundária. Fazer as coisas o mais rápido possível para cumprir prazos e produzir resultados é mais importante. As pessoas, em virtude da posição que ocupam na sociedade, em organizações ou no governo, são frequentemente chamadas de "líderes", quando nada poderia estar mais distante da verdade. Se, por alguma razão, elas perdem essa posição, são rapidamente esquecidas. Verdadeiros líderes vivem nos corações das pessoas por muito tempo após terem partido, e uma das principais razões para isso reside em sua constante humildade na forma de tratá-las.

Apesar da ausência de ênfase na humildade durante a preparação formal de futuros líderes, parece haver um consenso de que ela é um elemento essencial para ganhar corações e mentes daqueles que se espera venham a segui-los. Líderes são instados a compreender a condição humana, incluindo a própria. Devem se conhecer profundamente e usar esse autoconhecimento para compreender os outros e ser compassivos no modo de tratá-los. A questão óbvia é como construir essas características em pessoas que anseiam ser líderes.

A embriaguez de sucesso rápido e a falta de consciência em relação ao eu interior e àquilo que faz os seres humanos "ticar" internamente podem, muitas vezes, levar aqueles que detêm o poder a acreditar que são invencíveis. A arrogância provoca um tipo de "cegueira em relação à realidade" que faz com que, no final das contas, sejam feitas coisas estúpidas, como Napoleão e Hitler ao tentarem se tornar os soberanos de uma Europa relutante e invadir a Rússia no inverno! Esses assim chamados "líderes" justificam a expressão popular que diz: "O orgulho precede a queda".

Nelson Mandela é um excelente exemplo de humildade viva. Encarcerado por 27 anos sob o regime do *apartheid* na África do Sul, ele surgiu como o símbolo de sua injustiça. Pessoas se juntaram a ele numa tentativa de derrubar o regime. Ao deixar a prisão em 1990, essas mesmas pessoas não estariam dispostas a perdoar àqueles que o tinham aprisionado se não fosse pela humildade de Mandela. Esta surgiu mais como magnanimidade e deu-lhe grande força de caráter. Por causa de sua grandeza, ele foi capaz de ajudar a negociar um fim para o *apartheid* e estabelecer uma sociedade livre e democrática em 1994, como o primeiro presidente negro do país. Sua atitude de humildade certamente é a base para sua popularidade universal. Ele é provavelmente um dos homens mais reconhecidos do mundo. Mesmo tendo recebido tantas honrarias e prêmios, ele sempre se manteve enraizado ao espírito de *ubuntu*[24], definido por outro exemplo de humildade, o arcebispo Desmond Tutu:

> Uma pessoa com *ubuntu* está aberta e disponível para as outras, sem se preocupar em julgá-las como boas ou más, e tem consciência de que faz parte de algo maior e é tão diminuída quanto seus semelhantes que são diminuídos ou humilhados, torturados ou oprimidos.[25]

Infelizmente para muitos, a humildade é "legal", mas não absolutamente necessária. Pode até ser considerada um sinal de fraqueza por não ser tão vistosa quanto outros atributos-chave de um bom líder, como senso de propósito, foco, responsabilidade e coragem. A humildade pode ser delicada, mas representa a verdadeira força.

Pessoas verdadeiramente humildes possuem caráter muito elevado e, ao mesmo tempo, rejeitam pequenez, mesquinharia e imposição como meio para conquistar objetivos. Elas têm consciência da enorme diferença entre ostentação e egocentrismo e o senso de verdadeiro autorrespeito que mora dentro delas como a chave certa para a humildade. O autorrespeito é o reconhecimento silencioso das qualidades e dons interiores que elas possuem, podendo ser acrescentados a situações sem ser transformados por elas. Num sentido mais profundo, é o reconhecimento

---

24 Palavra zulu que significa "humanidade para com os outros".
25 Disponível em: <http://www.yourlifemanual.com/ubuntu.htm>.

natural de que o mundo e as outras pessoas não giram ao seu redor, mas de que, pelo uso consciente das virtudes, elas podem contribuir para um bem maior.

Por sua gentileza aparente, a humildade costuma ser confundida com a submissão de "oferecer a outra face", quando abuso e desaprovação estão à procura de suas vítimas. Isso, na verdade, é o oposto de humildade. A pessoa submissa deixa de reconhecer sua capacidade de contribuir para o mundo à sua volta e perde sua autoridade. As forças e os dons pessoais, tão importantes para o autorrespeito, são questionados e até esquecidos. Apenas uma pessoa realmente humilde pode de fato ser nobre. O paradoxo é que uma pessoa verdadeiramente humilde em geral não reconhece que o é.

Uma das razões principais pelas quais tão poucos são humildes é que isso envolve sacrificar-se por um bem maior ou curvar-se graciosamente diante de uma autoridade legítima. Isso pode significar reconhecer um erro pública e sinceramente ou aceitar a culpa para que uma situação explosiva seja desativada. Autossacrifício é matar o falso ego que reina em todos nós, que só quer que sejamos reconhecidos e aceitos pelos outros. O problema é que egos geralmente não cooperam com outros egos.

Onde a transformação **realmente começa?**

Outro dia, estava limpando alguns velhos arquivos quando deparei com um folheto que havia apanhado durante o Fórum Global para o Meio Ambiente, organizado em associação com a conferência oficial das Nações Unidas no Rio de Janeiro, em 1992. Começava com um alerta assustador:

> No tempo que você gastar para se dedicar a ler esta página, uma área florestal equivalente a uma centena de quarteirões terá sido destruída. Cento e vinte crianças terão morrido por falta de comida e vacinas. Governos terão gasto 15 milhões de dólares em preparativos para guerra.[26]

Um artigo do principal jornal brasileiro que estava no mesmo arquivo declarava que todos os dias os desertos do mundo aumentavam 160 quilômetros quadrados em área. Todo dia nossos carros, caminhões, fábricas e centrais de eletricidade lançavam dois milhões de toneladas de poluentes na atmosfera. Doze espécies por dia se tornavam extintas. Além disso, afirmava que no ano 2000 a Terra estaria 1,2°C mais quente e no ano 2020, 15% (500.000) das espécies estaria extintas. No ano 2025, 27 países estariam sem água e no ano 2050 a Terra estaria 2,7°C mais quente, com a Amazônia, a América Central e a África Ocidental totalmente desmatadas.[27]

As previsões foram tão alarmantes que trouxeram ao Brasil representantes de 178 países, com a presença de mais de cem chefes de Estado, sete mil jornalistas e quatro mil ONGs. Foi o maior encontro dessa natureza na história da humanidade e, certamente, um dos mais importantes. O interesse de figuras tão importantes galva-

---

26 Folheto EarthAction International, ECO-92.
27 Dados do Suplemento Especial ECO-92 do jornal *Folha de S.Paulo*, 01/06/92.

nizou o mundo. Lembro-me muito claramente quanto otimismo estava sendo compartilhado entre os participantes em relação à nossa capacidade de realmente fazer algo para conter a tendência humana de destruir a si e a seu mundo.

Agora, mais de quinze anos depois, nada de muito concreto foi feito. O mundo está ficando mais quente; os fanáticos mais perigosos e os subnutridos, morrendo mais rápido – e a responsabilidade dos líderes está se tornando maior.

Jermyn Brooks[28] colocou essa responsabilidade de maneira muito sagaz:

> Existe uma clara necessidade de uma nova consideração do propósito das atividades comerciais, como um tremendo potencial para ser uma influência para o bem e um criador de riquezas para o benefício de todos, ou um veículo para o uso impensado de recursos humanos e naturais e um colaborador para a disparidade entre países ricos e pobres.[29]

Tal mudança de postura nunca irá acontecer sem uma mudança correspondente na mentalidade.

Poucos meses após o tsunami devastador de 26 de dezembro de 2004, tive o enorme privilégio de acompanhar um corajoso líder do mundo dos negócios, Louis Willem (Tex) Gunning, presidente da Unilever (Sudeste da Ásia

---

28 Diretor-executivo da ONG Transparency International, ex-sócio da Global Managing, PriceWaterhouse Coopers.
29 Disponível em: <http://www.spiritinbusiness.org/quotes.php>.

e Australásia), em uma incrível "jornada de aprendizado" ao Sri Lanka. Ele escolheu mais de duzentas pessoas, entre presidentes, diretores e outros executivos do grupo, de dezesseis países da Ásia, Austrália e Nova Zelândia, para socorrer as vítimas do mais grave desastre natural do mundo. Por três dias, o grupo dividiu-se entre diferentes aldeias ao longo da costa do Sri Lanka, arregaçou as mangas para ajudar o próximo nas áreas arrasadas pelo tsunami, com o propósito de limpar e reconstruir tanto lares quanto corações. No início, pessoas que haviam perdido tudo observavam o trabalho deles apaticamente, comovendo os que ali estavam para ajudar, que perceberam que as vítimas necessitavam muito mais do que novas estruturas. Eles precisavam de amor e compreensão para superar o enorme trauma pelo qual haviam passado. Afinal, quarenta mil pessoas haviam morrido e 40% delas eram crianças. Tocados em seu âmago, o pessoal da Unilever passou a se comunicar de forma basicamente humana, usando intérpretes para compartilhar suas emoções.

Juntei-me a eles no quarto dia, a centenas de quilômetros de distância da costa, em um acampamento que havia sido levantado no meio da selva perto de Ella – sete horas de Colombo de carro mais cinco quilômetros a pé. Sem eletricidade ou cobertura de celular, todos dormindo no chão em barracas – incomunicáveis, desconfortáveis e cansados, os executivos foram convidados a confrontar a experiência que acabara de tocar seus corações, que haviam vivido com as vítimas do tsunami. O segundo capítulo dessa "jornada de aprendizado", com o título "Quem sou eu?", começava.

Eles eram solicitados a explorar seu eu interior e a aprender a meditar sobre suas descobertas e trazer à tona o melhor de sua inteligência espiritual para integrar com seus eus racional e emocional. Eles saíram da experiência completa no Sri Lanka irrevogavelmente transformados.

Não era nada de novo ou chocante para as mentes mais filosóficas. Afinal, a frase "Conhece-te a ti mesmo" guiava os peregrinos ao oráculo de Delfos, um templo de Apolo da Grécia Antiga, nas encruzilhadas do mundo antigo. Eles iam até lá para consultar o oráculo acerca dos mais variados assuntos, mas o caminho para a compreensão e para a transformação começava com essa admoestação. Entretanto, no mundo racional dos negócios, um passo corajoso em termos de preparação executiva para viver no mundo em que estamos é algo a ser emulado. Imagine o aviso "Conhece-te a ti mesmo", não apenas guiando-nos quando entramos em nossos escritórios e fábricas, mas também orientando a forma como pensamos e decidimos.

Duas outras questões saltam automaticamente da primeira pergunta básica: se eu não me conheço, como posso mudar? Se eu não mudo ou não posso mudar a mim mesmo, como posso esperar mudar o mundo?

A capacidade de administrar uma organização em tempos de mudanças dramáticas depende muito da resposta a essas três questões. Precisamos conhecer suas implicações a fundo ou correremos o risco real de perecer não apenas profissionalmente, mas talvez como civilização.

Líderes precisam saber como administrar efetivamente suas próprias vidas a partir de dentro. Ser organizado em relação a pensamentos, sentimentos e ideias nos dá uma chance maior de sobreviver e ajudar aos outros nos tempos de caos.

Antes de mais nada, os líderes do futuro experimentam suas transformações internas e são, desse modo, capazes de inspirar e motivar outras pessoas na mesma direção. Eles não memorizam textos nem são presos a paradigmas fora de moda, mas são aqueles que ousam, inspiram confiança, assumem e respeitam.

Apesar de tal evidente e clamorosa advertência, há ainda cinco tipos de pessoas e possibilidades:

» aquelas que ignoram a necessidade da mudar;
» aquelas que aceitam a necessidade de mudar, mas tentam manter o *status quo* operacional;
» aquelas que aceitam a necessidade de mudar, mas não sabem como;
» aquelas que aceitam a necessidade de mudar e fingem fazê-lo;
» aquelas que aceitam sinceramente a necessidade de mudar, estabelecem um claro plano de ação e o põem em prática.

As primeiras são atropeladas pela mudança sem entender o que está acontecendo.

As do segundo tipo tentam viver inutilmente as épocas de ouro do passado, quando os paradigmas existentes funcionavam em parte.

As do terceiro experimentam muitos processos de mudança entusiásticos, mas pouco convincentes, ou permanecem sem nenhuma perspectiva real. Elas implementam muitas ideias equivocadas, em geral com a maior competência.

As do quarto tipo enganam aos outros e a si mesmas.

As do quinto abrem as portas para novas possibilidades.

...

Perguntas para **fazer a si mesmo**

Reserve um tempo para refletir sobre essas questões. Sente-se em sua cadeira favorita com uma caneta e um bloco de papel à sua frente. Se quiser, você pode colocar uma música suave de fundo. Saboreie cada questão e escreva as respostas que lhe vêm à cabeça naturalmente. Use essas perguntas para conseguir entrar em contato com a sua sabedoria e, intuitivamente, escreva as inspirações que lhe surgirem.

Qual?

1. Quais os fatores predominantes que estão nos forçando a mudar a forma como pensamos sobre nós mesmos e sobre o mundo em que vivemos?
2. Quais principais paradigmas estão atualmente sendo submetidos a uma séria revisão?
3. Quais principais valores internos podem nos salvar de nós mesmos?
4. Qual é o futuro de sua área de atuação ou profissão? Ela precisa se alinhar não apenas com um mundo sustentável, mas com um mundo habitável?

Por quê?

5. Por que precisamos mudar?
6. Por que, embora tenhamos desenvolvido meios de comunicação tão sofisticados, como o telefone celular e a internet, ainda temos dificuldade em nos comunicar com nós mesmos e com os outros no universo pessoal?

7. Por que, apesar de uma incrível quantidade de conhecimento disponível, somos incapazes de pôr em prática as mudanças necessárias?
8. Por que temos a impressão de estar trabalhando mais e obtendo menos resultados?

Como?

9. Como você quer que sua vida seja apesar dos desafios que enfrenta?
10. Como está tentando ajudar a melhorar as coisas?
11. Como resiste à pressão de abrir mão de seus ideais para tornar-se mais bem-sucedido em um mundo cada vez mais competitivo?
12. Como irá introduzir novas atitudes em sua vida pessoal e profissional?

os três pilares da sabedoria

Os três pilares da sabedoria

Existem três principais criadores e sustentáculos do líder sábio. O primeiro é a **compreensão**. Ela envolve não só a habilidade para enxergar as coisas por outra perspectiva, mantendo um distanciamento imparcial dos fatos e, a partir disso, entender o contexto dos eventos. Requer, também, a percepção do que acontece além e sob sua aparência superficial. Em outras palavras, é compreender o contexto geral dos acontecimentos e não prender-se a pormenores.

O segundo ponto é a **habilidade para refletir,** interiorizar e tocar a essência de nosso verdadeiro valor, despertando nossa intuição adormecida.

O terceiro é o **desempenho consciente dos valores,** no tempo certo e de acordo com as necessidades do momento.

1 Compreensão

Há muitas coisas que os líderes devem entender para ir além de uma mera avaliação superficial da realidade e a ela conectar-se de maneira consciente para que o jogo da vida e do trabalho se torne realmente agradável e não apenas uma rotina diária.

Existem duas grandes áreas de compreensão que contêm incríveis *insights* para líderes – uma está relacionada ao entendimento dos "campos" criados por nossos pensamentos, palavras e ações, e a outra às novas ciências que surgiram acerca do entendimento de sistemas vivos e do caos.

Como líderes, devemos ser capazes de traduzir nossa visão da realidade em atitudes e práticas de liderança.

OS "CAMPOS" QUE CRIAMOS

Como já afirmado anteriormente, a física quântica destruiu a visão de mundo clássica ocidental de tempo, espaço e matéria, que teve origem com Euclides e Aristóteles, por volta de 400 a.C., e depois foi fortalecida por notáveis, como Descartes e Newton. Uma das principais implicações da visão quântica é o fato de que o universo não é algo que está lá fora e podemos observar, analisar e de alguma forma reduzir aos elementos que o compõem e, assim, controlar. Afinal, o universo não é um imenso mecanismo qualquer, mas um incrível conjunto de relacionamentos, possibilidades e suas intersecções. O universo e seus elementos são sistemas complexos e adaptáveis. Nós, seres conscientes, somos participantes ativos e dinâmicos nesse vasto jogo de eventos em permanente transformação. Como líderes, temos de entender não apenas as mudanças em si, mas o significado pessoal que atribuímos a elas.

Um célebre físico, John Wheeler, descreveu essa transição com muita propriedade:

> Tínhamos essa velha ideia de que havia um universo lá fora, e aqui está o homem, o observador, protegido do universo por uma placa de vidro de 6 polegadas. Agora, aprendemos pelo mundo quântico que, mesmo para observar objetos minúsculos como um elétron, temos de quebrar essa placa de vidro; temos de penetrá-lo... Então, o antigo termo "observador" deve simplesmente ser riscado dos livros e neles devemos inserir a nova palavra: "participante". Dessa forma, constatamos que o universo é um universo participativo.[30]

A racionalidade cartesiana ainda está tentando chegar a um acordo em relação a esse fato. As experiências realizadas naquela época e desde então com o comportamento da luz e dos elétrons provaram isso. Se fôssemos 100% objetivos, provavelmente poderíamos enxergar a luz como ondas. Se tentarmos conscientemente mensurar as propriedades dessas ondas, a luz cooperará e revelará com precisão seu comportamento de onda. Entretanto, se conduzirmos outro experimento para medir a luz comportando-se como partículas, ela mais uma vez nos será favorável e mostrará, então, sua natureza de partículas. Os mesmos

---

30 WHEELER, John apud PEAT, David F. *Synchronicity: the bridge between matter and mind*. Nova York: Bantam Books, 1987, p. 4.

experimentos conduzidos com elétrons (que, como a luz, não possui massa) revelam a mesma coisa. Podemos concluir, então, que somos capazes de mudar as coisas pelo simples ato da observação!

À luz desse fato, somos forçados a olhar o mundo à nossa volta individual e coletivamente. Individualmente, eu sou o cocriador literal do "meu" mundo. Coletivamente, construímos "nosso" mundo humano.

O velho paradigma sempre considerou a matéria como o elemento básico de um universo lógico fora da influência de nossa consciência. Já a visão de mundo quântica a leva à dimensão da consciência, assegurando a existência de simbiose entre o observador e o observado. Sem nos aprofundarmos em sutilezas, esse é um pequeno passo para chegar à conclusão de que realmente influenciamos e até somos capazes de mudar aquilo que observamos. Há duas grandes implicações nisso:

A IDEIA DE QUE O MUNDO EXTERIOR e a nossa consciência acontecem separadamente e não têm relação entre si não corresponde mais à verdade. Não podemos continuar enterrando nossas cabeças na areia da ignorância e agindo como se fôssemos imunes ao mundo que se forma à nossa volta. Nós somos, na verdade, responsáveis pelo mundo que vemos e com o qual interagimos.

NÃO PODEMOS SER ABSOLUTAMENTE OBJETIVOS. O próprio ato de categorizar e definir alguma coisa transforma-a instantaneamente. Não vemos o mundo como ele é, mas como nós somos.

Assim, repito, *somos levados a olhar o mundo à nossa volta tanto pelo ponto de vista individual quanto pelo coletivo. Individualmente, sou o cocriador do "meu" mundo. Coletivamente, construímos o "nosso" mundo humano.* A qualidade de nossos pensamentos e sentimentos e, em um nível mais profundo, nossas crenças, atitudes e intenções desempenham um papel direto na conformação de tudo o que existe ao nosso redor.

PENSAMENTOS E ÁGUA

Nos experimentos do dr. Masaru Emoto[31], ao tentar averiguar se a água poderia ser um condutor de informação, ele não só descobriu que ela é capaz de registrar e conter informações, como mostrou os efeitos diretos que os pensamentos humanos exercem sobre ela. Após submeter a água às mais variadas condições, usando pensamentos, palavras escritas em jarras de vidro e diversos tipos de música, ele a congelou e então, com um microscópio de alta resolução, fotografou os cristais de gelo que se formaram.

Sua conclusão é de que palavras e pensamentos positivos têm impacto positivo na água e formam os mais belos cristais, enquanto palavras e pensamentos negativos produzem resultados feios. Ele congelou e fotografou também amostras de rios de montanhas, água de torneira e água poluída da cidade e mostrou as diferenças. Os cristais têm formações completamente distintas de acordo com o tipo de influência a que são submetidos.

---

31 Disponível em: <http://www.hado.net>.

Essa constatação é de grande importância, considerando que 70% do nosso corpo é constituídos de água. Além disso, muitos de nossos produtos domésticos e matérias-primas de alimentos são também à base de água.

CAMPOS MORFOGENÉTICOS

Outra peça do quebra-cabeça vem do trabalho nos campos morfogenéticos[32] realizado pelo biólogo britânico dr. Rupert Sheldrake[33] e outros. O que suas ideias, ainda controversas, sugerem é que, quanto mais pessoas (ou animais) aprenderem a fazer algo, outros da mesma espécie aprenderão ou passarão a fazê-lo. É como se, quando uma massa crítica de percepção e prática fosse alcançada, criasse ressonância suficiente, e o hábito ou o padrão pulasse automaticamente para o comportamento coletivo.

Na Inglaterra, e em muitos outros países, o leite era entregue em garrafas reutilizáveis com tampas de folha de alumínio. Nos anos 1920, em Southampton, um pássaro conhecido como chapim azul descobriu que se bicasse a tampa chegaria ao leite. Muito rapidamente essa habilidade (e gosto) começou a aparecer em chapins azuis em um raio de 160 quilômetros dali, quando o alcance médio de deslocamento dos pássaros era de apenas 25. De alguma maneira, o hábito se espalhou em um campo coletivo. Em 1947, ele já era comum em toda a Grã-Bretanha.

---

32 Literalmente, "geradores de forma".
33 SHELDRAKE, Rupert. *A new science of life*. Tarcher, 1981; e *The presence of the past*. Times Books, 1988.

Em seu livro, *O centésimo Macaco*[34], Ken Keyes Jr. conta uma história muito importante ocorrida nos anos 1950. Em uma pequena ilha do Japão, cientistas estudavam o comportamento do macaco da espécie *macaca fuscata*, cuja dieta consistia em batatas-doces que eles costumavam comer ainda cobertas de areia e sujeira. Certo dia, uma macaca de 18 meses descobriu, lavando as batatas num rio próximo, que elas ficavam mais saborosas. Ela, então, ensinou essa faceta à sua mãe e às suas amigas, as quais transmitiram para suas respectivas mães também. Aos poucos, os macacos da ilha foram aprendendo o truque. Nas palavras de Ken Keyes:

> No outono de 1958, certo número de macacos de Koshima estava lavando batatas-doces – o número exato não se sabe. Suponhamos que quando o sol nasceu em certa manhã havia 99 macacos na ilha de Koshima que haviam aprendido a lavar suas batatas-doces. Suponhamos então que, mais tarde, naquela manhã, o centésimo macaco aprendeu a lavar batatas. ENTÃO ACONTECEU! Naquela noite, quase todos naquele bando estavam lavando suas batatas-doces antes de comê-las. A energia acrescentada por aquele centésimo macaco de alguma forma gerou uma ruptura ideológica!

Pouco depois, macacos da mesma espécie nas ilhas vizinhas começaram, espontaneamente, a lavar suas batatas antes de comê-las. De algum modo, uma massa crítica

---

[34] KEYES Jr., Ken. *The hundredth monkey*. Oregon: Vision Books. Livre de direitos autorais e disponível em: <http://www.freewebtown.com/jaxxkaos/monkey/monkey1.html>.

de prática e consciência coletivas foi alcançada em Koshima, sendo gerada uma súbita vibração que "saltou" para outras ilhas.

Ken Keyes acrescentou ainda:

> Quando certo número de indivíduos alcança a consciência, essa nova consciência pode ser transmitida de uma mente para outra. Apesar de o número exato poder variar, o "Fenômeno do Centésimo Macaco" indica que, quando apenas um número limitado de pessoas descobre uma nova maneira de agir, ela pode permanecer como propriedade consciente dessas pessoas. Mas há um ponto em que, se apenas mais uma pessoa sintonizar com esse novo saber, um campo é formado para que essa consciência seja assimilada por quase todos!

Essa e muitas outras experiências levaram Sheldrake a afirmar que há um campo de hábitos que liga as pessoas, influenciando seu próprio aprendizado e o de outros.

As conclusões a que podemos chegar para nossas práticas de liderança e compreensão são significativas. O que chamamos de cultura organizacional pode ser apenas a soma dos padrões de aprendizado e hábitos, tanto os bons quanto os ruins, que se desenvolveram com o passar do tempo – como cumprir promessas ou deixar de cumpri-las como padrões enraizados no passado, ou estimular o comportamento do grupo em direção a objetivos mais nobres e dignos.

Resultados decepcionantes, tentativas de mudança fracassadas, moral baixo e, quem sabe, falência poderiam ser o resultado dessa linha de pensamento, discurso e conduta coletivizados. Por outro lado, a conquista do consentimento e da aprovação do consumidor, a conclusão bem-sucedida de estratégias e mesmo um novo papel proativo em responsabilidade social e ambiental devem ser precedidos necessariamente por pensamentos, palavras e ações que "de alguma forma" alimentem um "campo" que torna esses resultados possíveis. Líderes têm um papel-chave em guiar o pensamento, o discurso e a conduta que constroem a verdadeira prosperidade e abundância sustentável. Da mesma forma, eles são capazes de conduzir ao caminho da autodestruição.

O EFEITO DA CONSCIÊNCIA
EM NÓS MESMOS E NOS OUTROS

Uma quarta consideração é obviamente o efeito da nossa consciência em outros seres conscientes e em nossas próprias vidas e saúde. O filme alternativo e muito bem-sucedido *Quem somos nós?* [35] tenta explicar os conceitos acima em termos leigos. É um documentário e, ao mesmo tempo, a história de uma mulher surda que, pouco depois de casar-se, descobre que o marido a trai. Ela começa a ter, então, surtos de pensamentos autodestrutivos que, ilustrados por interessantes efeitos de animação, revelam como suas emoções afetam as células de seu corpo e influenciam seu relacionamento com outras pessoas, assim como a realidade física ao seu redor. Típico da falta de respeito próprio que aflige muitos de nós, é como se a mensagem que ela

---

35 Quem somos nós? (What the bleep do we know?). Estados Unidos, 2004. Disponível em: <http://www.whatthebleep.com/whatthebleep/>.

estivesse enviando para o universo fosse: "Ei, você não precisa me respeitar, afinal eu mesma não me respeito". Quando nossa heroína se entrega à jornada de aprendizado pela qual está passando, ela deixa de fazer o papel de "vítima" para se tornar a protagonista da sua própria história. Mais uma vez, é revelado o alcance com que nossa consciência modela o mundo em que vivemos e com o qual interagimos. Parece que, quanto mais compreendemos a nós mesmos, mais valorizamos quem realmente somos e as pessoas que nos cercam. Essa atitude nos leva a perceber o mundo e nossos relacionamentos de maneira diferente.

O EFEITO "PIGMALEÃO"

A outra peça do mesmo quebra-cabeça vem do que se chama "efeito Pigmaleão". Ovídio nos conta a história do escultor Pigmaleão, que criou a estátua da mulher ideal, a qual recebeu o nome de Galateia.[36] Sentindo-se totalmente apaixonado, ele pediu a Vênus que desse vida à sua criação. Enfim, a Deusa concedeu-lhe o pedido, e Pigmaleão e Galateia viveram felizes para sempre. A mensagem dessa história é que, quando acreditamos muito em alguma coisa, maiores são as chances de que ela aconteça. É a chamada "profecia autorrealizável".

A versão moderna do mito foi a peça de George Bernard Shaw, *Pygmalion* (depois produzida como o musical *My fair lady*). Henry Higgins, um professor de fonética, conhece uma florista com um forte sotaque da parte leste

---

36 *Metamorphoses*, 10º livro. Disponível em: <http://classics.mit.edu/Ovid/metam.10.tenth.html>.

de Londres e aposta com seu amigo, coronel Pickering, que, após um treinamento intenso, ela seria capaz de se passar por uma duquesa de pronúncia impecável. Ela consegue, de fato, mas o sucesso não se deveu tanto ao treinamento do professor Higgins. A jovem florista, Eliza Doolittle, diz ao coronel Pickering:

> Sabe, sincera e verdadeiramente, tirando as coisas que qualquer um pode aprender (o modo de se vestir, a maneira correta de falar...), a diferença entre uma dama e uma florista não é o modo pelo qual elas se comportam, mas a forma como são tratadas. Posso ser sempre uma florista para o professor Higgins, pois ele sempre me tratou e sempre me tratará como tal, mas sei que posso ser uma dama para você, pois sempre me tratou e sempre me tratará como uma dama.[37]

Há mais de quinhentos estudos na área da educação que apoiam o que veio a ser conhecido como "efeito Pigmaleão". Em um dos casos, no início do ano letivo, o diretor fala a dois novos professores que ainda não haviam conhecido seus alunos. Em relação à classe com os melhores alunos, o diretor informou ao respectivo professor que eles eram difíceis de lidar e bastante lentos no aprendizado. O outro professor foi avisado de estar recebendo os melhores alunos (embora eles fossem os piores). Passado um ano, o desempenho dos bons alunos caiu e o dos maus alunos teve uma melhora significativa. Tudo isso em razão da

---

37 SHAW, George B. *Pygmalion*. London: Penguin Classics, 2003.

visão preconcebida que cada professor formou de suas respectivas classes.

O famoso relatório de Rosenthal e Jacobson[38] de 1966 discute amplamente esse efeito. Em alguns casos, os alunos que receberam visão e pensamento positivos de seu professor saíram-se duas vezes melhor que outros da mesma classe.

Não é sempre que funciona dessa maneira. Um dos primeiros professores de Beethoven julgou-o um compositor sem futuro pela forma desajeitada com que segurava seu violino. Charles Darwin escreveu:

> Eu era considerado por todos os meus mestres e por meu pai um garoto bastante medíocre, bem abaixo do padrão comum de intelecto. Para meu grande tormento, meu pai uma vez me disse: "Você não se interessa por nada além de caça, cães e pegar ratos, e será uma desgraça para si e para toda a sua família".[39]

Walt Disney foi demitido pelo editor de um jornal por falta de criatividade! Albert Einstein era descrito por seus professores como "mentalmente lento, retraído e totalmente perdido em seus sonhos tolos". O primeiro treinador de Pelé achou-o muito magro e sem talento nenhum para jogar futebol.

A questão é: quantos Beethovens, Darwins, Disneys, Einsteins e Pelés nós perdemos todos os anos porque não apenas as crianças, mas aqueles que deveríamos estar lide-

---

38 ROSENTHAL, R. K.; JACOBSON, L. *Pygmalion in the classroom: teacher expectation and pupils' intellectual development*. Nova York: Holt, Rinehart & Winston, 1968.
39 DARWIN, C. R. (ed. Barlow, N.). *The autobiography of Charles Darwin*. Londres: Collins, 1993.

rando, aceitam e levam a sério as atitudes e convicções dos mais velhos? Líderes sábios devem dar atenção a esse fenômeno. Em outras palavras, o que dizemos com intenção e sentimento, com base na crença e até na fé, afeta os outros. A falta de confiança derruba as pessoas, a confiança faz com que se reergam.

Conclusões

Apesar de ser muito audacioso ou cedo para afirmar, a grande lição que tiramos dessas considerações é que o modo como se pensa e fala consigo mesmo definitivamente afeta os resultados que se quer alcançar. O que vemos e acreditamos é aquilo que conseguimos. Nada acontece à toa. É como se criássemos um "campo" para coisas que devem ou não acontecer segundo a forma como pensamos, falamos e agimos.

Os sistemas de crenças estão na base de grande parte da história humana. Em uma escala menor, nossas intenções alcançam seus objetivos antes de nós, criando um espaço para aceitação e rejeição. Todos nós, subjetivamente, sentimos isso. Um médico que possui o claro objetivo de ganhar o máximo de dinheiro possível no menor período de tempo e outro, levado pelo puro desejo de salvar vidas, terão influência definitiva na saúde de seus pacientes, mesmo que nada seja dito a eles em relação a seus respectivos motivos. Um vendedor que queira impor um produto provavelmente irá perder a venda. Clientes sentem esse tipo de atitude e se protegem contra ela. Outro vendedor, movido por motivos mais nobres, terá maiores chances de conseguir uma recepção mais amável. Um líder que serve de forma desinteressada inspira, enquanto outro, arrogantemente orgulhoso do que faz, provavelmente irá gerar inveja, mesmo que ambos estejam fazendo a mesma coisa e usando os mesmos conhecimentos e habilidades.

AS SETE LIÇÕES QUE ALIMENTAM A COMPREENSÃO
O caos é definido como qualquer sistema vivo que seja dinâmico, complexo, não-linear e tenha a tendência de se auto-organizar. Se entendermos os sistemas de modo geral, descobriremos muitos segredos que podem nos ajudar a agir mais livre e sabiamente em relação aos acontecimentos sem nos perder no meio da confusão. A pior coisa que pode acontecer em uma situação caótica é o indivíduo também ser levado mentalmente a um estado de caos. Surge a grande questão: como admitir a existência do caos e ainda permanecer calmo e capaz de lidar com ele?

Antes de tudo, é necessário entender que, em qualquer sistema, seja uma célula, uma família, o tráfego, um planeta ou uma galáxia, nós sempre podemos observar seus componentes internos interagindo uns com os outros, criando um efeito ativo que determina se o sistema é forte ou fraco. Por exemplo, uma família de cinco pessoas que vive em estado contínuo de disputa entre seus membros, torna-se um sistema fraco e pouco resistente contra fatores externos. Uma equipe em perpétuo conflito interno provavelmente não sobreviveria a maiores pressões externas, ela implodiria.

A teoria do caos afirma que a aleatoriedade aparente de um sistema caótico leva a soluções metódicas que nada mais são que ajustes sistemáticos. Um caso em questão são os fractais, que formam belos desenhos em protetores de tela de computadores. Um exemplo mais mundano dessa auto-organização pode ser visto no modo como os carros saem do estacionamento de um estádio depois de um clássico. Tudo começa de forma confusa e vai gradualmente se organizando conforme a vontade dos motoristas de ir para casa se equilibra com o bom senso. Pelo menos, ninguém fica lá até o dia seguinte. O bom senso próprio de sistemas auto-organizados sobrepuja suas turbulências. Resumindo, nenhuma tempestade dura para sempre.

O comportamento da bolsa de valores costuma seguir um caminho parecido. A confusão inicial é seguida de ajustes sistemáticos que representam uma situação nova e mais verdadeira que a ganância dos especuladores. Economias baseadas em falsas premissas e sustentadas com dinheiro desonesto muitas vezes acabam espetacularmente conforme o sistema se ajusta e se corrige.

O que é falso em sistemas humanos não se sustenta a longo prazo. A verdade sempre aparece. Aqueles que se mantêm fortes coletivamente em tempos de grande turbulência tendem a ser protagonistas da transformação. Os fracos são arrastados pelas circunstâncias e se tornam suas vítimas.

Há várias lições que vêm da compreensão do caos.

LIÇÃO 1 | Se quisermos modificar qualquer sistema vivo, precisamos mudar o pensamento por trás dele.

Se entendermos o que são os "campos", poderemos ver como os pensamentos, sentimentos e intenções de todos os envolvidos num sistema "permitem" que ele exista tal como é. A consciência humana cria, sustenta e até destrói os aspectos social, ambiental e profissional de nossas vidas. Mexer nas estruturas e nos componentes tangíveis dos sistemas dando-lhes novos nomes pode "mudar" uma situação superficialmente e criar uma ilusão de diferença, mas, se as mesmas pessoas, com os mesmos pensamentos, continuam a fazer variações das mesmas coisas, uma significativa e duradoura mudança para melhor se torna impossível. Mais uma vez, como Einstein costumava dizer, não é possível solucionar um problema com a mesma mentalidade com a qual o criou.

Na área pessoal, todos conhecemos pessoas que tentaram modificar sua exterioridade – casa, cidade, emprego, cônjuge e até aparência – sem mudar interiormente. Após algum tempo, os problemas que já existiam antes da "mudança" acabam surgindo novamente em suas vidas.

Tenho um amigo na Austrália que é proprietário de uma empresa muito bem-sucedida na área da construção. Ele começou pequeno e então adquiriu duas outras empresas, fundindo-as. No decorrer desse processo, ele se casou três vezes e teve um filho com cada esposa. Além delas, ele ainda tem uma longa lista de namoradas. Ninguém parece ser capaz de se relacionar bem com ele. Na área profissional ele é um grande sucesso, mas sua vida pessoal é um pesadelo. Cada um de seus filhos mora em um estado diferente. Eu disse a ele, antes de sua primeira separação e divórcio, que seria melhor, em todos os sentidos, tentar mudar de atitude em relação aos outros do que trocar de parceira. Mas há sempre um preço alto a se pagar por essa lição.

A realidade é que a estrutura de nossas vidas – saúde, finanças, relacionamentos, trabalho – está do jeito que está principalmente por causa da nossa mentalidade. Podemos até dizer que nossas vidas individuais e coletivas seguirão de acordo com o que quer que "mentalizemos" ou "pensemos". A simples verdade é que os pensamentos geram as ações e, consequentemente, os resultados. Nossa situação na vida permanece enquanto nós mentalmente assim "permitimos". Se desligássemos o "interruptor" do apoio mental de um problema, ele desapareceria. Seria até certo dizer que a preocupação produz justamente as coisas com as quais acabamos nos preocupando.

Mesmo supondo a autenticidade desse princípio da vida, tentamos com todas as forças lutar contra as estruturas externas. Um jardineiro, para resolver o problema com uma erva daninha, pode supor que basta cortá-la para que o gramado fique como um carpete. Um mês depois, ele percebe seu erro. O problema não está na superfície, mas nas raízes. Da mesma forma, as raízes de nossas vidas estão na maneira como pensamos. Isso serve não apenas para a vida de um indivíduo ou para um grupo de pessoas, mas para nossas empresas. Essencialmente, uma organização é como é pela maneira como todos os envolvidos – equipe de assistentes, trabalhadores, consumidores, acionistas e, enfim, a sociedade – pensam a respeito do modo de ela ser e como agem acerca disso.

Os problemas surgem por todos os lados e cá estamos nós, cortando a grama para nos livrar das ervas daninhas! Se desligarmos o interruptor do apoio mental que dá vida à confusão, ela desaparece como por milagre. Quando reclamamos de nossas vidas, lutamos contra nós mesmos, pois os problemas não são tão grandes na realidade, mas na forma como os encaramos. E a maior lição é que, onde quer que estejamos, nunca conseguimos escapar de nós mesmos. Feliz ou infelizmente, somos obrigados a conviver com a nossa própria pessoa. Se não formos boas companhias para nós mesmos, é inútil tentar arranjar outra companhia.

LIÇÃO 2 | Se tudo é tão complexo e imprevisível, devemos planejar menos e nos preparar mais.

Em primeiro lugar, precisamos entender que complexo não é sinônimo de complicado ou difícil. Se dissermos que algo é difícil, é porque não entendemos profundamente a situação. As coisas são mais complexas do que difíceis. Na verdade, somos seres complexos com longas histórias. Não é de surpreender que nossas interações uns com os outros e com a matéria produzam situações complexas.

A menor das células é extremamente complexa do ponto de vista operacional. E é essa mesma grande complexidade na natureza que cria as mais belas cenas de grupos complexos de células complexas. Imagine as inúmeras reações químicas que acontecem no plano molecular no florescer de uma rosa. É essa mesma complexidade que gera a singularidade dessa flor. Imagine então a complexidade de um grupo de pessoas, sob diversos aspectos – emocional, intelectual e psicológico –, que trabalham juntas no mesmo projeto.

Todos os sistemas vivos que nos cercam são complexos, mas eles só se tornam difíceis quando não conseguimos perceber qual é o nosso verdadeiro relacionamento com eles. Conforme a complexidade aumenta, os sistemas se tornam mais imprevisíveis. Apesar dessa verdade, temos a mania de querer controlar as coisas, de erroneamente imaginar que, quando temos a vida e o trabalho "sob controle", podemos extrair nossa porção de felicidade disso. A verdade é que não temos controle sobre praticamente nada. Já é difícil controlar nossos próprios pensamentos, palavras e ações, quanto mais tentar controlar nossos familiares ou as pessoas que lideramos. É literalmente impossível entrar na cabeça de outras pessoas e começar a pensar por elas.

Nesse contexto, parece incrível que exista quem passe a vida inteira achando que é possível controlar não só o presente, mas o futuro dos outros também. Até seu último suspiro, essas pessoas se esforçam para deixar tudo totalmente organizado para os filhos e netos!

A grande lição para o líder sábio é que temos de planejar menos com relação aos detalhes do futuro e nos preparar mais para qualquer coisa que venha a acontecer. O tipo mais sábio de planejamento é aquele que delineia não só as ações a serem adotadas, mas também o desenvolvimento pessoal que pode nos preparar para qualquer eventualidade.

Isso não significa que devamos evitar tentar prever o futuro e, criativamente, criar planos para ele. Apenas quer dizer que os planos devem ser flexíveis o suficiente para permitir que o inesperado aconteça. É verdade também que o futuro não pode ser compartimentado com metodologias do passado que, sob condições controladas, talvez tenham funcionado bem no papel. Nos dias de hoje, seria o mesmo que tentar controlar uma tempestade em alto-mar com a experiência adquirida em uma piscina de 25 metros!

LIÇÃO 3 | Todos os elementos de um sistema são interdependentes e interconectados.

Um dos resultados paradoxais dos sistemas é que sua complexidade e a consequente necessidade de níveis mais profundos de organização exigem o desenvolvimento de grandes níveis de interdependência de seus componentes. Alguns exemplos:

Os países da Europa, apesar dos incríveis desafios dos dias atuais, chegaram mais perto uns dos outros como o reconhecimento de tudo o que eles têm em comum. O euro nasceu e as fronteiras culturais e nacionalistas tornaram-se mais virtuais que reais. Quem poderia imaginar essa situação sessenta anos atrás com o rancor da Segunda Guerra ainda vivo na mente de todos?

As diversidades intelectual, social e funcional entre funcionários da mesma companhia são superadas pelo entendimento da absoluta necessidade de trabalhar em equipe. A complexidade dos serviços exige maior especialização do que em outras épocas, mas os especialistas têm de depender uns dos outros para completar o trabalho em conjunto.

Como a necessidade é a mãe da invenção, a revolução nas telecomunicações surgiu para atender à demanda natural de as pessoas estarem mais conectadas. A complexidade da sociedade e do trabalho e sua própria inconstância obrigaram as pessoas a se manter mais em contato umas com as outras. Assim, os telefones deixaram as mesas e se tornaram companheiros de bolso, com o telefone celular. A internet, que literalmente significa "ligação entre redes", chega para atender à nossa necessidade de estar em contato com indivíduos e instituições do mundo todo sem, com isso, deixarmos o conforto de nossos escritórios ou mesas de trabalho.

Vendo o funcionamento do corpo humano, conseguimos entender seu princípio. Os órgãos vitais, como o coração, os pulmões, os rins, o fígado etc., apesar de exercerem funções diferentes, têm total interdependência sistêmica entre si.

Esse fenômeno simplesmente confirma o velho ditado: "Ninguém é uma ilha". Podemos até criar outro melhor: "Nada é uma ilha".

Como Laurie A. Fitzgerald diz:

> Mesmo que a realidade pareça se apresentar à nossa consciência como "coisas", ela é de fato inteira, totalmente abrangente, um todo indivisível, em que cada elemento origina seu significado a partir de seu relacionamento com o todo. Essa noção de "unidade" do Universo se aplica com igual importância às for-

mas pelas quais planejamos nossas empresas. O planejamento estratégico mais inteligente que podemos executar é construir uma rede dinâmica, de conexões suficientemente densas entre pessoas e, acima de tudo, entre suas consciências. Sempre que criamos um obstáculo entre pessoas, seja em um departamento, um título, uma divisão, nós diminuímos a força e a qualidade do todo.[40]

Essa declaração reflete em sua totalidade o conceito de organizações humanas como sistemas vivos.

Ver qualquer organização como algo inserido em sistemas cada vez maiores dos quais deriva seu significado ajuda a acabar com a fragmentação organizacional e seu produto na forma de grupos corporativistas que não cooperam com outros. Esses grupos operam totalmente contra as necessidades do momento.

Vejamos o seguinte cenário. Alguém chamado John, digamos, coordena a implantação de um sistema de *software* em um ministério do governo. Ele está consciente do princípio de interdependência e da urgência do trabalho em equipe em plano nacional, especialmente para ajudar seu país nesses tempos de crise econômica e de necessidade de redução do custo da máquina federal. Nos últimos anos, as iniciativas de John em otimizar o trabalho economizaram milhões para seu departamento. Um novo coordenador-geral, sr. Brown, quer colocar no lugar de John uma pessoa "de confiança" chamada Henry. O problema é que, assim como

---

40   FITZGERALD, Laurie A. *Living on the edge*. Disponível em: <http://www.orgmind.com/livingedge.php>.

o sr. Brown, Henry possui uma visão "feudal" do funcionamento do ministério, baseada em comando e controle. O resultado é que, novamente, o país perde por causa da falta de compreensão desse princípio de interdependência. Quantos srs. Browns e Henrys ainda ajudam a sustentar operações que estão justamente desmoronando?

Outra área em que o princípio de interdependência teria aplicação imediata seria a de treinamento. A nova abordagem didática para o treinamento é baseada na interatividade. Isso não significa apenas sessões de treinamento cheias de dinâmicas de grupo em salas de aula, mas implica criar condições no ambiente de trabalho para aperfeiçoar as novas habilidades técnicas e humanas necessárias para lidar com situações caóticas e incertezas.

Recentemente, em uma conversa com Peter Senge[41], ele dizia que não temos como entender qualquer sistema até que o vejamos a partir do sistema maior do qual ele faz parte – por exemplo, tentar resolver os problemas no sistema educacional sem entender a necessidade econômica de sempre ter pessoas preparadas por ele para suprir as linhas de produção e consumo. Isso me leva a pensar no megassistema do qual todos os sistemas menores fazem parte – o drama da vida, com almas, matéria e Deus representando seus respectivos papéis por toda a eternidade.

LIÇÃO 4 | Se a lei de causa e efeito move todos os sistemas, não reclame, crie!

---

41   Professor do Massachusetts Institute of Technology e autor de *The fifth discipline: the art and practice of the learning organization*. Doubleday, 1990.

Se fizermos um movimento dentro de um sistema, por menor que seja, acabamos movendo o sistema nessa extensão. Influenciamos o universo com cada um de nossos pensamentos, palavras e ações; portanto, somos responsáveis pelo campo de efeitos que causamos. Seja positivo ou negativo, o efeito que é iniciado em um sistema retorna àquele que o produziu. A base da lei de causa e efeito é que tudo está interconectado: matéria, natureza, seres vivos, tudo.

É natural querermos nossos direitos, mas, com muita frequência e de maneira muito conveniente, esquecemo-nos das responsabilidades que os acompanham. Por exemplo, queremos que alguém nos respeite, mas estamos preparados para respeitar os outros da mesma maneira? Queremos felicidade, mas nós a cultivamos? Ninguém recebe o retorno de um investimento que não fez! Se quisermos felicidade, como devemos guiar nossas vidas? Certamente não lamentando e reclamando em relação a tudo e a todos. Ninguém deliberadamente cria seus obstáculos. Eles simplesmente surgem como fruto de alguma "semente" que plantamos no passado.

O sucesso sempre vem como recompensa de um esforço correspondente. Se pusermos a energia certa para realizar algo, é impossível não receber o retorno disso mais cedo ou mais tarde. Se somente ficamos reclamando de alguma coisa na vida, é possível que não tenhamos investido o suficiente, ou ainda não tenha chegado a hora de ser recompensado, mas em algum momento chegará. Precisamos ter a paciência de um fazendeiro para colher a safra do sucesso. Às vezes, tentamos forçar uma situação para que frutifique sem ainda estar pronta para isso. Em vez de esperar, tentamos aplicar uma força ainda maior. Seria o mesmo que um agricultor que, com uma mangueira na mão, ficasse molhando as plantas, tentando acelerar seu desenvolvimento, em vez de deixar a natureza seguir seu curso.

Líderes que não respeitam os diferentes graus de disposição de seus colaboradores, que não entendem que cada um é realmente um livro de histórias ambulante, terá dificuldades para guiá-los e inspirá-los em situações críticas. O máximo que um líder pode fazer é informar, motivar e inspirar pelo exemplo. Isto é, arar o solo, aplicar o fertilizante apropriado, plantar boas sementes, regar o que está crescendo e esperar! O dito popular assegura: "Você pode levar o cavalo ao poço, mas não pode forçá-lo a beber água". Mas o que você pode fazer é com que o cavalo fique com sede! Isso é o que *inspiração* quer dizer. Levar o cavalo à água chama-se *administrar*. Inspirá-lo a bebê-la chama-se *liderar*.

Não teremos o que temer no futuro se agirmos corretamente no presente.

LIÇÃO 5 | Se todas as coisas de um sistema vivo passam pelo processo de entropia (perda de energia com o tempo), teremos de reinventá-las e reforçá-las de tempos em tempos.

Se deixarmos cair uma bola de tênis no chão, as primeiras quicadas serão altas e ordenadas. Com o tempo, ela perderá sua força inicial e seus saltos se tornarão desordenados. Isso significa que, quando há força em um sistema, a ordem é uma consequência natural e, quando sua força se perde, o resultado é o caos. Esse fenômeno é conhecido como entropia – a gradual perda de energia durante a vida de um sistema.

As coisas nascem, crescem, amadurecem e morrem. Em geral, pouco antes da morte, uma semente é deixada, ou algo permanece para dar-lhe nova vida. A causa do caos de um sistema é a perda essencial de energia. O mesmo processo está acontecendo com a situação do mundo como um todo. Os sistemas – econômico, político, ambiental e social – estão extremamente fracos e, por isso, caóticos.

O que concluímos disso é que, se quisermos que qualquer sistema ganhe nova vida, teremos de injetar energia positiva, vital, nele. Apenas planejar e então rezar para que tudo dê certo não é o suficiente. Você pode dizer: "Eu quero uma nova vida; não quero mais nenhum desses problemas ou vícios..." Apenas querer não basta. A única forma de impedir que algo comece a declinar é injetar nova energia. Minha avó tinha 103 anos quando nos deixou. Lembro-me de como ela estava em sua festa de 90 anos – muito mais cheia de vida do que seus bisnetos. Percebi que, por toda a sua vida, ela, de alguma forma, descobriu o segredo de reinventar-se continuamente e injetar em si mesma ardor e entusiasmo. Certamente sua tendência a não se preocupar com nada, mas apenas fazer o melhor que pudesse, ajudou-a em relação a isso. Atualmente, por causa de muitas crises, vemos pessoas de apenas 30 ou 40 anos que parecem verdadeiros mortos-vivos, sem energia para nada.

A criação de força no campo individual para "recarregar" a vida é auxiliada por instrumentos como a meditação. Apenas pela vontade, nada acontece. Mas, pela força de vontade, tudo pode acontecer. Se um abismo se abre diante de nós, a necessidade é clara – chegar ao outro lado. E só pode ser feito com um salto, não dois. Precisamos apenas ter força e habilidade suficientes para fazer isso.

LIÇÃO 6 | Mesmo que tudo no universo se organize de alguma maneira, ainda assim podemos influenciá-lo positivamente.

Imagine todos os pedestres na *Times Square*, em Nova York, em um momento particularmente agitado, multiplicados por dezenas de milhares de pessoas em bicicletas. Em seguida, some um número igual de motocicletas e riquichás motorizados, sem esquecer os carros, caminhões, vacas, carros de boi, camelos e até elefantes. Junte todos em poucos quilômetros quadrados e peça que se movam o mais rápido que puderem. Para os poucos sortudos que são motorizados, há uma prática aceita para todos – manter as mãos pressionando infernalmente as buzinas. Essa é a visão do trânsito no centro da velha Delhi em uma tarde comum de um dia útil. Para a mente ocidental é o caos total! Para os moradores de Delhi é normal e natural. Eles aprenderam uma grande lição – tudo simplesmente se organiza de uma forma ou de outra. A grande questão, entretanto, é se podemos ter uma influência positiva no caos que acontece por si mesmo. Eles certamente vivem com mais paciência e integração!

Quem nunca ficou preso no trânsito, em plena hora do *rush*, por causa de um semáforo quebrado? Mesmo que um guarda de trânsito tente controlar a situação, muitas vezes ela parece ficar ainda pior antes de melhorar. Isso porque, no momento em que ele chega, a situação já está se organizando por si só. A auto-organização que está acontecendo pode ter adquirido seu próprio ritmo, com o qual as tentativas do policial de criar ordem podem não estar sintonizadas.

Da mesma forma, não há ninguém lá em cima decidindo quantos encanadores, pedreiros, médicos ou engenheiros são necessários aqui na Terra, ou quantos idiomas, cores ou culturas. A demografia ou os sistemas de trabalho se organizam sozinhos. Na aparente aleatoriedade há uma "conspiração" em direção a alguma forma de organização ou equilíbrio. Outro exemplo é o crescimento de uma árvore. De acordo com as condições de luz, posição, nutrição do solo e outros fatores, os ramos se desenvolvem de maneira auto-organizada.

A partir desses e tantos outros exemplos, devemos entender que caos não é sinônimo de desordem. É um sistema que se move em direção a um novo tipo de organização. Tudo se auto-organiza, desde uma simples célula até a mais complexa galáxia. No vocabulário da teoria do caos, uma nova palavra surgiu – "caórdico" – algo que é caótico e, ao mesmo tempo, organizado.

As mudanças climáticas que afligem nosso planeta são exemplos de um sistema que está tentando alcançar seu próprio equilíbrio e ajustar (entre outras coisas) a pressão desproporcional que os seres humanos estão fazendo sobre ele. Afinal, por que o vento sopra? Simplesmente porque as diferenças de pressão e temperatura atmosféricas exigem que o ar se mova para equilibrar essas pressões.

De fato, qualquer movimento dentro de um sistema vivo é um ajuste de seus componentes dentro de outros sistemas maiores. Testemunhamos os altos e baixos das bolsas de valores conforme o vaivém da chamada crise econômica. Se olharmos da perspectiva de um longo período de tempo, nós, na verdade, não veremos nenhuma "crise", mas uma série de ajustes sistemáticos extremamente necessários para um equilíbrio a longo prazo.

É assim, nossas almas nunca morrem, a matéria nunca morre, e a soma de todas as energias dentro de um sistema sempre irá se equilibrar no decorrer do tempo. Todas as movimentações que observamos são apenas sistemas continuamente se organizando.

Se sistemas humanos, incluindo nossos países e empresas, obedecerem a esse princípio de auto-organização, o máximo que um líder poderá fazer é aprender a ter acesso ao poder inerente às coisas, às pessoas e, sobretudo, a si mesmo. Assim que tocamos esse poder, temos de permitir que o que é positivo floresça e, então, sair de seu caminho! Não significa que tenhamos de abandonar tudo à sorte ou ao destino. Mas, se quisermos investir nosso tempo na construção de um futuro mais sólido, a melhor coisa a fazer é nos dedicar a criar condições e parâmetros nos quais as coisas possam acontecer e se desenvolver da melhor e mais saudável maneira.

A auto-organização em um sistema vivo é autogerada e autoconduzida. Não é guiada por líderes heroicos, burocracias ou consultores externos. Quando muito, eles podem apenas socorrer ou retardar as dinâmicas que já estão acontecendo.

Em uma crise ou diante de um grande desafio, é improdutivo e extremamente desgastante tentar encaixar parafusos redondos em buracos quadrados tão inseguros quanto eles. Em crises, os manuais de procedimento são jogados fora e o que importa é aquilo que funciona e gera soluções positivas. As barreiras são eliminadas e a informação é compartilhada. Aqueles que possuem as habilidades necessárias, informação e sabedoria tornam-se líderes naturais, independentemente da posição que ocupam na hierarquia.

Auto-organização não significa abdicar ou mesmo delegar tanto a ponto de deixar de fazer diferença. Mas, sim, criar e articular os valores e o propósito que guiam a visão e os objetivos, bem como ajudar na criação e sustentação de estruturas e sistemas que os tornem duradouros. Não se trata de jogar a responsabilidade final pela janela. Pelo contrário, quando cada um assume a responsabilidade que lhe compete, a empresa e o mundo criam o controle necessário para que as coisas se organizem da melhor maneira possível.

Segundo o dr. Tom Heuerman, consultor, escritor e professor americano: "Crenças internalizadas, responsabilidade pessoal e comprometimento respondem à questão do líder: como posso confiar que as pessoas farão o que é certo, se eu parar de controlá-las?"[42]

---

42 Disponível em: <http://www.selfhelpmagazine.com/articles/wf/selforg.html>.

LIÇÃO 7 | Nada é o que parece ser.

Ao enfrentar o caos dos sistemas do mundo, devemos evitar cair na velha armadilha de ser enganados pelas aparências. Há uma história sobre um homem que caminhava pela floresta quando, de repente, um leão apareceu a apenas alguns metros de distância, pronto para atacá-lo. Exatamente como um pombo faz diante de um gato, ele ficou rígido, fechou os olhos e aguardou seu terrível destino. Depois de dois minutos, ele, perplexo, percebeu que nada havia acontecido! Ao abrir um dos olhos, viu que o leão estava de joelhos, como se rezasse. Pasmo, ele falou para o leão: "Graças a Deus! Nunca na minha vida imaginei encontrar um leão espiritualizado. Por favor, diga-me, como você manifesta sua religiosidade?" E o leão respondeu: "Eu sempre rezo antes de uma boa refeição".

A interpretação superficial da situação deu ao homem uma impressão completamente equivocada.

Na superfície do mar há bastante turbulência, mas, a apenas alguns metros abaixo, reina a calma. Mesmo nos mares mais gelados, em que a superfície é congelada, lá embaixo a temperatura permite a existência de peixes e outras formas de vida. Isto é, a turbulência e o frio estão na superfície das coisas, a calma e a sustentabilidade encontram-se nas profundezas. Da mesma forma, se passamos por turbulências em nossas vidas pessoal e profissional, é porque talvez estejamos sendo superficiais em nossa maneira de ver as coisas.

As ilhas, apesar de separadas na superfície, são unidas no fundo do oceano. Elas são, na verdade, montanhas do mar. Se formos superficiais em nossa maneira de pensar e de tomar decisões, nunca entenderemos as conexões entre as coisas. Para que isso aconteça, teremos de aprofundar nossa percepção.

Em uma organização, cada indivíduo ou setor parece separado, exceto pelo fato de as coisas se moverem com coesão em suas conexões mais profundas, baseadas em valores e crenças compartilhados. Quando o *know-how* é secundado pela sabedoria, a sinergia é inevitável.

Quanto mais profundamente entendermos as situações, menor a possibilidade de cometermos erros. Se possível, devemos nos esforçar para compreender as verdades mais profundas quando as coisas estão relativamente calmas para que, quando a situação ficar difícil, já tenhamos interiorizado uma reação positiva e habitual para isso. Quase sempre a impetuosidade leva ao erro.

Em nossos relacionamentos, por exemplo, temos de dar margem a que as outras pessoas tenham suas próprias histórias, sem cair na tentação de rotular ou de fazer julgamentos superficiais. Todo ser humano é um livro de histórias ambulante. Se alguém apresenta um comportamento fraco, é porque, naquele momento, não tem forças para fazer as coisas de modo diferente – ele conta com circunstâncias atenuantes. Eu até diria que é impossível conhecer uma pessoa por aquilo que ela faz ou por sua aparência, mesmo que julguemos baseados em comparações.

É um erro, também, invadir as histórias alheias e especular: "Se eu fosse ele, faria assim". Nossa obrigação é viver nossas próprias vidas da melhor maneira possível, já que relacionamentos são como um campo minado. Intrometer-se nas histórias dos outros é o *hobby* de muitos. Apenas serve para complicar o que já é complexo o suficiente – a própria vida.

Sendo assim, há uma grande diferença entre comprometimento e envolvimento. Devemos estar comprometidos com certos princípios e objetivos. Mesmo assim, não temos de nos envolver com aquilo que não nos diz respeito. Temos apenas de aprender a deixar as coisas como estão, e a vida começará a fluir mais facilmente.

Em vez de olhar o negativo, precisamos buscar o lado positivo. Há uma expressão que diz: "Aonde a atenção vai, a energia flui; onde a energia flui, a vida se desenvolve". Se prestarmos atenção no que é positivo, daremos vida a isso. Se nos concentrarmos no aspecto negativo, daremos vida a ele e acabaremos matando o positivo.

2 A habilidade de mergulhar no íntimo

A metáfora do furacão é muito apropriada, ao considerarmos a necessidade de nos interiorizar e preparar. Quando os ventos são ameaçadores, é inútil lutar contra a natureza. Em momentos mais estáveis, podemos fazer com que as coisas e as pessoas sigam para seus respectivos lugares; porém, quando a natureza explode, ela atinge a todos. O que temos de aprender é como acompanhá-la. Precisamos de níveis muito avançados de flexibilidade e habilidade para nos mover e adaptar muito rapidamente. A competência essencial para isso é tornar-se um observador desapegado.

Portanto, devemos ficar centrados e nos desapegar das condições do passado e dos impactos do presente e tornarmo-nos mais objetivos para atingir níveis mais profundos de intuição, discernimento e coragem. Em relacionamentos de trabalho, isso significa ser capaz de lidar com a arrogância, no caso de sermos obrigados a trabalhar com pessoas egocêntricas, as quais evitaríamos em outras situações. A observação imparcial nos ajuda a entrar em contato com nosso propósito maior, rapidamente põe de lado nossas questões internas e as sacrifica por um bem maior quando necessário.

A partir do estado de calma que a interiorização gera, há menos receio e uma silenciosa confiança de ser capaz de navegar por toda a tempestade.

Obviamente, não basta entender qual é o nosso propósito maior se não temos poder para colocá-lo em prática em nossas vidas. Identificar uma série de valores e forças que sabemos possuir internamente também não é o suficiente. Temos de tê-los ao nosso alcance para quando precisarmos deles. Se uma situação exige determinação, é necessário saber orientar forças nessa direção. Se um relacionamento pede mais paciência, temos de saber como acessar nossa mina interior de qualidades inatas e extrair dela a paciência necessária. Seremos testados em diversas circunstâncias para verificar nossa capacidade de atender adequadamente a essas demandas. No contexto atual de caos e constante transformação, a capacidade de reagir de acordo com os acontecimentos é fundamental.

Todos nós podemos fazer uma lista de valores que precisamos ter agora para ser mais profissionais, eficazes e proativos. Como vimos, é muito mais fácil relacioná-los do que aplicá-los em nossa vida prática. Digamos que precisamos de mais flexibilidade porque os jogadores do nosso time foram substituídos bem na hora em que estávamos nos acostumando com eles. Os novos desafios produzem novas variáveis quando tínhamos acabado de nos habituar a outras metodologias e estruturas. Então, mais uma vez somos obrigados a nos ajustar às novas e ainda mais radicais alternativas que acabaram de surgir. Sabemos que possuímos certa flexibilidade, mas não exatamente o suficiente para atender às exigências das últimas mudanças.

Esse é o ponto exato em que a habilidade de mergulhar em si mesmo é útil. Como desenvolvimento e crescimento pessoal é algo mais "de-dentro-para-fora" do que "de-fora-para-dentro", precisamos de uma ferramenta que localize dentro de nós o potencial para sermos melhores e revele-o por meio de nossas ações. Essa ferramenta é a capacidade de interiorizar ou refletir.

A capacidade de mergulhar em si mesmo ajuda em três aspectos:

LANÇA LUZ EM NOSSO FOCO. O exercício de usar conscientemente os pensamentos nos ajuda a eliminar a confusão mental causada pelo excesso de pensamentos e raciocínios inúteis. Com a clareza que a introspecção nos dá, é mais fácil enxergar o que deve ser feito. Podemos estar no meio de um furacão de eventos e pessoas, mas o exercício de penetrarmos em nós mesmos e nos centrarmos como observadores imparciais dispersa nossas nuvens interiores. A objetividade, então, prevalece e as decisões e caminhos certos se tornam óbvios.

ACESSA O VERDADEIRO POTENCIAL. O grande benefício da reflexão interna está exatamente em sua efetividade para acessar o potencial interior. Podemos ver por experiência própria que agora somos capazes de fazer muito mais por nosso próprio progresso do que antes. Se estivermos usando apenas 3-4% de nosso potencial real, os outros 96-7% se tornam disponíveis por meio da reflexão interior. Criamos uma via de trânsito livre entre o que temos de ser externamente e o que somos internamente.

ALIMENTA A VONTADE E, consequentemente, o entusiasmo. Com maior clareza de foco, nossa vontade nos move nessa direção. Como estamos trabalhando por dentro nosso modo mais intuitivo de ser, a sensação de que estamos agindo honestamente é um imenso incentivo para a ação. Com a reflexão interna, ativamos não só a vontade, mas a força de vontade.

Entrar em contato com o nosso interior nos treina no uso apropriado do poder de pensamento para gerar respostas adequadas às pressões em quaisquer circunstâncias – positivas ou negativas. Portanto, não é uma prática passiva, como alguns pensam. É uma arma potente para enfrentar as turbulências externas, que gera um sutil campo de controle por meio do autocontrole.

Incluímos algumas reflexões para ajudar a fortalecer seu senso interno de identidade que qualifica e fortifica o senso de propósito maior. Essas orientações de meditação foram escritas na primeira pessoa para ajudar o leitor. É necessário praticá-las para ter sucesso. Elas fazem parte dos pensamentos nos estágios iniciais de meditação e aqui são apresentadas em uma série de autoafirmações.

REFLEXÃO 1 | PERMANECER CALMO EM MEIO AO TUMULTO

Você pode fazê-la em pé, sentado ou mesmo em movimento:

Eu encontro um momento para parar no meio do caos que acontece à minha volta. Estou no centro de 360 graus de eventos acontecendo ao redor – ruídos, cores, movimentos e formas –, tudo girando em uma velocidade impressionante... Foco minha atenção em tudo o que está se passando com o distanciamento de uma pessoa que faz parte da plateia de uma peça... Ouço, vejo, sinto... mas, ao mesmo tempo, estou centrado...

Estou consciente do meu corpo e do lugar em que me encontro... Estou atento aos acontecimentos... mas o esforço para me centrar me deixa muito calmo... um observador... alerta, mas relaxado...

Minha atenção vai para meu próprio processo de pensamento... há um ponto no meio do cérebro, dois ou três centímetros atrás do meio da testa, onde pensamentos, ideias, desejos e decisões, todo o processo consciente nasce.

Todos os fios perdidos de tantos pensamentos voltam a seus lugares de origem... Esse ponto de consciência atrás dos olhos é meu lugar para descansar por alguns instantes... é onde posso recarregar minhas baterias apesar do tumulto que acontece ao meu redor...

Permaneça nesse estado pelo tempo que precisar. Se necessário, repita a sequência e acrescente seus próprios pensamentos. Se algum outro pensamento ou distração tirá-lo desse estado, volte ao início e se torne um observador desapegado mais uma vez.

REFLEXÃO 2 | SENSO DE IDENTIDADE

Eu me torno consciente das coisas que estão circulando ao meu redor neste momento... Posso ouvir os sons, sentir o ar... Sinto minha respiração... Estou aqui neste lugar físico... neste presente momento... O passado já se foi e o futuro não chegou... Estou literalmente aqui e agora...

Direciono minha atenção ao ponto atrás de meus olhos onde os processos de pensamentos, sentimentos e decisões acontecem... Eu vejo cada pensamento conforme ele surge...

Da mesma forma que estou no centro dessa situação física, vejo a mim mesmo no centro da minha vida...

Toda a minha vida está acontecendo à minha volta – minhas funções, relacionamentos, responsabilidades e rotinas. Mas estou no meio de tudo... Calmo, centrado... Dou-me a oportunidade de sentir o que realmente sou, independentemente de tudo isso...

Eu sou um ponto de energia consciente dando vida ao meu corpo... dando vigor à minha vida...

Apesar de estar rodeado de tantas situações diferentes, eu sou o mesmo indivíduo... neste grau de consciência há estabilidade...

equilíbrio... tranquilidade... Eu sou a pessoa consciente atrás das coisas que acontecem em minha vida... o mundo não me influencia negativamente... mas eu influencio o mundo positivamente...

REFLEXÃO 3 | DAR PODER AO MEU PROPÓSITO MAIOR

Eu sou o ser consciente dando vida à minha vida... Exatamente como um minúsculo sol aceso atrás dos meus olhos, estou centrado, observando as coisas ao meu redor...

Apesar da turbulência externa, sinto-me extremamente calmo, tranquilo...

Eu conheço, dentro de mim, o ser... eu tenho potencial... Visualizo a mim mesmo como este minúsculo sol consciente irradiando luz... Sinto que tenho o poder de enfrentar qualquer dificuldade... Eu tenho amor suficiente para entender a todos... Tenho paz suficiente para conseguir sobreviver...

Sou uma mina de qualidades inatas que poderão ser usadas quando eu quiser... Apenas tenho de parar, mergulhar em mim mesmo e atingir este estado, e elas estarão à minha disposição...

Penso em meu propósito maior... Eu me visualizo num futuro próximo agindo de acordo com ele... Vejo muito claramente o que tenho de fazer... Ao mesmo tempo, estou consciente daquilo que tenho dentro de mim... toda a força necessária para realizar essa visão... Sei que esse propósito tem tudo a ver com o meu verdadeiro eu, no mais profundo do meu ser... Eu sei que nada nem ninguém têm o poder de tirar minhas qualidades inatas... Elas são propriedades minhas...

Permaneça neste estado por mais alguns instantes, com esses e outros pensamentos similares, e volte renovado para enfrentar o que surgir à sua frente.

Com reflexões como essas, certamente será possível lidar com quaisquer dificuldades e ser o que for preciso neste momento de sua vida.

3 Prática consciente de valores

DE ONDE VÊM OS VALORES

Desenvolver valores não se trata de anular o ego, mas de aprender a usá-lo de forma a gerar benefícios. Temos de aprender a vincular as experiências adquiridas na vida e no trabalho com os valores que guardamos internamente. Temos de conectar nosso ser interior com os papéis que desempenhamos e, por meio deles, com as pessoas com as quais nos relacionamos.

Quando abrimos um coco, vemos a parte que realmente possui valor nutritivo, a parte que sustenta. Ela é branca, deliciosa e refrescante. Da mesma forma, quando nos "abrimos", descobrimos nossas qualidades inatas, nosso "DNA" interno: paz, felicidade, amor, poder, verdade e pureza. Essas qualidades são as matérias em estado bruto, das quais as virtudes são compostas e, então, expressam-se em nossas ações.

Esta é, quem sabe, a maior de todas as descobertas para aqueles que buscam a sabedoria: os valores de que precisamos em nossas vidas já estão dentro de nós! Com o intuito de abrir a casca, para ter acesso e tirar partido dessas qualidades na vida, são necessárias a introspecção e a reflexão profundas. Não é possível fazê-lo apenas mental ou intelectualmente.

Uma vez acessíveis, nossas qualidades interiores se expressam na maneira como nos relacionamos com os outros e com o mundo. As qualidades são como cores primárias; e os valores, cores secundárias – exatamente como o azul e o amarelo formam o verde.

RELACIONAMENTOS

Os valores são fundamentais para o que somos e para a forma como vivemos e trabalhamos, mas o maior desafio são os relacionamentos com outros seres humanos. Provavelmente, não existe ninguém que nunca tenha sofrido ou causado sofrimento em algum relacionamento – seja no trabalho, seja em casa. A prática dos valores em relacionamentos é decerto a área mais vasta em que a sabedoria é exercida. É fácil ser "espiritual" com pessoas amáveis e fáceis de lidar. O verdadeiro teste para o líder sábio é quando as pessoas com quem se relaciona são desagradáveis, críticas e contrárias àquilo em que acredita ou quer mostrar. Yitzhak Rabin foi premiado com o Prêmio Nobel da Paz junto com Shimon Peres e Yasser Arafat, em 1994. Pouco antes de ser assassinado por um israelense radical de direita, oposto a suas políticas, ele fez uma declaração profunda dizendo que a paz é algo que devemos praticar com nossos inimigos. Com nossos amigos não precisamos praticá-la!

A base dos relacionamentos é a conversa ou o diálogo. Podemos pensar que temos um bom relacionamento com alguém, mas, se não existe conversação de qualidade, não há um relacionamento de qualidade. O diálogo genuíno cria espaço para que as pessoas possam realmente pensar juntas. Ele pode levar a novos graus de alinhamento e capacidade. Não há nenhuma vantagem em mudar as técnicas de comunicação se não modificarmos os sentimentos ou a visão que temos uns dos outros, são eles que definem o relacionamento.

As pessoas querem um sentido para as coisas, um senso de pertencimento e um senso de segurança

Em relacionamentos, as pessoas, na verdade, querem três coisas: um sentido, um senso de pertencimento e um senso de segurança. São como os três pés de uma mesa. Se um deles faltar ou for mais curto que os outros, então talvez não haja estabilidade. Sendo assim, a forma como conversamos com as pessoas deveria refletir significado, segurança e senso de pertencimento. Se existe significado no que é dito, as pessoas sentirão que seus esforços são válidos. Se lhes dermos um senso de segurança, elas ousarão mais e mostrarão seu verdadeiro valor. Se sentirem que fazem parte de algo, irão se preparar para a longa jornada e serão fiéis a quem gerar esse sentimento.

Muito recentemente, quando estava conduzindo um retiro nas montanhas, perto de São Paulo, cheguei a uma conclusão em relação à importância de uma conversa sincera, relevante e inspiradora. Eu estava no meio dos preparativos para a primeira sessão quando uma das participantes veio a mim e começou a tagarelar sobre sua vida e, apesar das inúmeras vezes em que tentei fazê-la entender que eu estava ocupado e poderíamos conversar depois, ela continuava voltando a falar sobre a situação pela qual estava passando. Depois de algum tempo, a única resposta que eu tinha para ela era "Ahã". O mais impressionante foi que ela nem percebeu que eu já havia desistido de escutá-la. Posteriormente, refleti sobre isso e até pedi desculpas por não ter dado a atenção que o assunto requeria. A situação sobre a qual ela falava era bastante séria e ela necessitava de ajuda. Eu havia ficado absorto em meus preparativos; e ela, em sua própria história.

Infelizmente, a pressão das circunstâncias tem nos deixado tão absortos que nossas tentativas de comunicação tornam-se superficiais, sem foco ou mesmo sem sentido – pouco ou até nenhum valor é acrescentado ao relacionamento pela forma como conversamos.

Como líderes, precisamos encontrar o equilíbrio certo ao lidar com as outras pessoas e na maneira como falamos com elas.

EQUILÍBRIO DE PAPÉIS

A balança é um símbolo enganoso para o tipo de equilíbrio que precisamos estabelecer para nos tornar realmente sábios. Equilíbrio não é uma questão de compensações – trabalhar sem parar por dois dias e, então, tirar um ou dois dias de folga; fazer uma orgia gastronômica e, depois, jejuar por uma semana. É muito mais uma questão de entrar em cada situação procurando ajudar a equilibrar as diversas forças em jogo. Trata-se de agir de acordo com as necessidades do momento e de outros agentes envolvidos, de maneira a ajustar todos os três – o líder, a equipe e a situação.

Um líder sábio deve manter o equilíbrio entre os três papéis – o de supervisor, o de *intervisor* e o de *intravisor*[43].

1 | Supervisor

"Supervisão" significa literalmente "ver as coisas a partir de cima", ou, em outras palavras, ver mais e além do que qualquer outra pessoa. A capacidade de supervisionar, nesse sentido, é a razão pela qual nos tornamos líderes. De uma perspectiva mais ampla e profunda, temos a visão dos acontecimentos, podemos avaliar a situação positivamente e desenvolver nossas atitudes e ações de forma adequada.

A supervisão é particularmente útil em tempos de crise ou de extrema urgência. Precisamos ter a firmeza de uma rocha, pois a situação exige reações rápidas e apropriadas. Não é o momento de ouvir as opiniões alheias. É a hora de guiar energicamente sem ser rude. Por exemplo, se a casa estiver em chamas, o pai deverá dar orientações rápidas e firmes, e não convocar uma reunião de família para decidir se o fogo vai ser combatido com baldes, mangueiras ou areia.

Por outro lado, quando a situação não é uma emergência, não é hora de ser apenas supervisor.

---

43   O termo "intervisor" é um conceito de Robert Dilts e da NLP University. "Intravisor" é uma palavra inventada pelo autor deste livro. (N. do E.)

2 | Intervisor

Os momentos não-críticos podem ser usados para fortalecer os relacionamentos com e entre os membros da equipe. Como intervisores, desenvolvemos confiança e segurança, geramos maior participação e conscientemente ajudamos a equipe a descobrir seu potencial – tudo isso corresponde ao que podemos chamar "intervisão", que em outras palavras quer dizer "ver as coisas entre". É a atitude de compartilhar, ouvir e inspirar.

3 | Intravisor

Para ser bons líderes, antes de qualquer coisa, precisamos nos guiar, ao mesmo tempo que somos supervisores e intervisores. Para isso, são necessários exercícios de fortalecimento interior para recarregar as baterias internas. Isso ajuda a manter nosso entusiasmo e inspiração, mesmo em situações adversas. Dessa forma, trazemos estabilidade e coerência às pessoas e situações.

O desafio é equilibrar essas três características de acordo com cada necessidade, o que está no centro da nutrição responsável.

AUTOENGANO

Enquanto buscamos revelar nossa sabedoria interior em nossas vidas práticas e relacionamentos, é bom fazer uma avaliação 360 graus com nossos colegas, amigos e família. A nossa prática na vida real reflete aquilo que imaginamos ser internamente? Nós conhecemos de fato a influência que temos sobre os outros?

Quando estamos completamente absortos e interagindo superficialmente com um mundo caótico, muitas vezes perdemos contato com nossos valores verdadeiros e com nosso senso de propósito. Em resumo, podemos desenvolver o que o premiado com o Nobel Francis Crick descreveu como nossa "quase ilimitada capacidade de autoilusão".[44] Isso basicamente significa a nossa capacidade de continuar a agir às cegas a despeito de todas as evidências contrárias. Se pararmos para pensar nas pessoas mais difíceis com as quais já tivemos de trabalhar, nos perguntaremos o que as tornou assim. Elas se consideravam da mesma forma com que eram vistas? A maioria provavelmente não. Apesar de todos enxergarem o mal que elas faziam a si mesmas e aos outros, elas não se davam conta disso.

Aqui estão algumas frases típicas de pessoas que provavelmente estão se enganando: "Não sei por quê, sempre que ocorrem promoções, eu não sou lembrado". "Eu sou um grande líder. Veja só como as pessoas ficam em silêncio em respeito a mim." "Apenas fiz o que me foi solicitado. Não me culpe se isso não der certo." "Uma pessoa na minha posição não pode fazer nada em relação ao meio ambiente." "Não há nada de errado em burlar meu imposto de renda. Todo o mundo faz isso." "Se você não tivesse sido tão intratável, eu não teria ficado tão transtornada." "Eu apenas tomo alguns drinques por dia. Não sou um alcoólatra". "Eu não fiz nada para provocar essa crise que

---

[44] Crick, Francis. *The astonishing hypothesis: the scientific search for the soul.* Nova York: Touchstone Books, 1995.

estou vivendo no casamento. Minha esposa tem agido de um jeito tão estranho..." E por aí vai...

A autoilusão afeta a todos, em maior ou menor extensão. Ela certamente surge da nossa incapacidade de ser objetivos. Está enraizada em convicções errôneas que temos sobre nós mesmos e na falta de um autoconhecimento claro. Ampliando a autoconsciência e o discernimento em relação ao emprego dos principais verbos em nossas vidas, seremos capazes de começar a nos enxergar como os outros nos veem.

VERBOS E BILHARES

A qualidade de nossas vidas pessoais é determinada pela forma como nos organizamos internamente. Viver em equilíbrio entre substantivos (coisas, objetos, pertences, posições etc.) e verbos (ter, fazer, sentir e ser) é o desafio definitivo para o nosso grau de sabedoria. Dos dois, os verbos devem estar OK para que os substantivos funcionem melhor. A tabela a seguir mostra as características de cada verbo:

VERBO	CARACTERÍSTICA
Ter	Pertences, posição, propriedade, relacionamentos
Fazer	Funções e atividades – família, trabalho, lazer, estudo, sustento, compromissos sociais
Sentir	Crenças, desejos, estados emocionais
Ser	Valores intrínsecos, estado de consciência ("Eu sou")

Se somos humanos que predominantemente "têm", nossas vidas são preenchidas com medo e insegurança, tentando proteger nossas aquisições. Como "fazedores" humanos, não sabemos como parar e relaxar e entramos em um ciclo de ação e reação, sem encontrar uma saída. Como humanos que antes de tudo "sentem", nós nos perdemos em um mundo subjetivo de emoções e sonhos que elas produzem ao saltarmos de um estado para outro. Apenas como "seres" humanos, temos acesso aos poderes e às qualidades inatas que podem nos ajudar a sentir, fazer e ter o que realmente queremos.

Imagine quatro bolas perfeitamente alinhadas em uma mesa de bilhar. O poder de apenas uma tacada é transmitido suavemente de uma para outra. Se as bolas estão espalhadas pela mesa, para acertar todas com apenas um golpe, temos de ser fantásticos campeões ou especialistas em trigonometria. Mesmo o poder dessa única tacada acaba se perdendo no ricochete.

Imagine então que essas quatro bolas de bilhar representam os quatro principais verbos de nossas vidas. Se cada um aponta para uma direção diferente, temos de usar muito tempo, raciocínio e energia para dar-lhes uma direção. O que realmente somos não está refletido no que sentimos. O que sentimos e o que na verdade fazemos são duas coisas diferentes. O que fazemos não aparece nos resultados. Em outras palavras, em um estado de caos interno, acabamos usando muito mais raciocínio, tempo e energia física para conseguir o nosso intuito; do contrário, o que queremos não acontece. Na confusão reinante, provavelmente nem mesmo nos damos conta de que é perfeitamente possível fazer as coisas erradas da maneira mais eficiente e as coisas certas da forma mais complicada.

A sabedoria depende totalmente da capacidade de alinhar esses quatro verbos. Isso, por sua vez, depende de tornar-se mais autoconsciente.

...

Perguntas para **fazer a si mesmo**

Reserve um tempo para refletir sobre essas questões. Sente-se em sua cadeira favorita com uma caneta e um bloco de papel à sua frente. Se quiser, você pode colocar uma música suave de fundo. Saboreie cada questão e escreva as respostas que lhe vierem à cabeça naturalmente. Use essas perguntas para conseguir entrar em contato com as profundezas de sua sabedoria inerente e, intuitivamente, escreva as inspirações que lhe surgirem.

1 | Autoconsciência

- O que você realmente acredita sobre si mesmo em relação a seus pontos fortes? Valores? Possibilidades?
- Se suas melhores qualidades fossem realmente livres, desimpedidas e intactas, como você seria?
- Você sabe quais as fraquezas que possui que provavelmente estão sabotando ou bloqueando seus melhores planos ou mais altos ideais?

2 | Objetividade

- Escolha uma cena da semana passada que o tenha perturbado de alguma maneira. Concentre-se e transforme-se em um observador desapegado. Você é capaz de ver a cena como ela é e não como você é? Escreva o que você vê através das lentes de suas próprias experiências e aquilo que vê como um observador totalmente imparcial, mas ainda assim sábio.

3 | Autenticidade
» Existe um abismo entre aquilo em que você acredita e o que valoriza e suas palavras e ações da semana passada? Qual é a extensão dele? O que você deve fazer ou ser para preencher esse espaço?

4 | Paixão
» Que grau de paixão você dedica ao trabalho coletivo com sua equipe? Com que frequência e intensidade seu propósito maior tem estado presente em suas ações?

5 | Empatia/Capacidade de entender os outros
» Você exercita sua capacidade de se colocar no lugar dos outros? Você escuta com atenção suficiente?

6 | Competência
» Como você aumenta sua competência para contribuir com o empenho do grupo? (Isso significa já ser conhecedor e continuar a desenvolver conhecimentos e habilidades adequados.)

Autoconsciência

Autoconsciência

Tudo volta à autoconsciência. Quanto mais eu souber quem eu sou, mais saberei o que fazer e como fazê-lo. Quando entro em mim, quem é que eu encontro? Depois de todas as tarefas, compromissos, relacionamentos e da correria que tudo isso acarreta, devo sempre voltar para dentro de mim. Não há lugar na Terra aonde possa ir para fugir de mim mesmo. Com quem eu passo mais tempo, além de mim mesmo? Depois de encarar todos os meus colegas, familiares, amigos e inimigos, eu volto a mim. Se, ao voltar, não me sinto bem comigo mesmo, então, definitivamente, há um profundo trabalho interno a ser feito.

Outro dia eu estava conversando sobre a importância da autoconsciência com um velho amigo do mundo dos negócios que dirige uma grande empresa no Brasil. Em essência, ele admitiu estar tão desestimulado, esgotado de trabalhar entre tantas incoerências e antagonismos que não tivera tempo nem energia para fazer o exercício interno necessário e começar a construir algo mais significativo em sua vida. Seus únicos focos passaram a ser os lucros do trimestre; como impedir os bancos de monitorar seu trabalho, em um país que tem as mais altas taxas de juros do mundo; e como não ser afetado pelas constantes autopromoções e politicagens de seus parceiros e colegas, que forçam seu ego a sempre tentar se revelar "no topo". Ele confessou que o custo a longo prazo desse ritmo enterrou qualquer autoconsciência verdadeira que tivesse quando era mais jovem. Tentei fazê-lo entender que, sem o suporte de estarmos conscientes de quem somos e do que estamos realmente fazendo, nossa fé em nossas habilidades e talentos também começa a enfraquecer. Foi uma longa conversa.

Fora do trabalho, dizemos que amamos nossos cônjuges e filhos, quando de fato dedicamos cada vez menos tempo de qualidade na companhia deles. Outro dia, li em uma revista que, nos anos 1960, costumávamos passar 45 minutos por dia com nossos filhos e, hoje em dia, passamos apenas seis! Mal podemos administrar algumas poucas pausas para nossos interesses preferidos. Como líderes, mesmo que as vantagens financeiras de nosso trabalho representem o ápice que alcançamos profissionalmente, o custo pessoal é tremendo. Apesar de termos "entes queridos", há menos tempo e energia para eles ou para qualquer coisa que não seja urgente. O relaxamento é relegado a massagens e saunas, que podem ajudar os músculos, mas não necessariamente nossas mentes.

Esse é o dilema. Nós somos "sucessos". Afinal, é o que todo o mundo nos diz. Mas... parece que o eu verdadeiro não tem espaço para ser o que deve ser nem fazer o que deve ser feito. Onde é que existe espaço para a pura e alegre inocência do amor sincero nesse mundo duro e racional? Essa voz interna que morre aos poucos chora por reconhecimento. Se alguém nos faz lembrar dessas questões profundas, o ego se recusa a acreditar que existe algum problema.

A grande pergunta é: quando vamos cair na real? Quando poderemos, com coragem, começar a nos relacionar com os outros de forma que nos possibilite transformar nosso trabalho e nosso mundo e ter relacionamentos e diálogos significativos com as pessoas com quem compartilhamos nossas vidas? Afinal, como líderes, passamos cada vez mais tempo no trabalho. E tempo é vida. Quando iremos parar de ficar pulando de galho em galho neste mundo superficial de estruturas, sistemas, lutas pelo poder e posições? As consciências política e racional são a ordem do dia, mesmo que – em nosso detrimento ou no dos outros – tomemos a atitude de amadores com inteligência emocional porque os bons livros nos dizem ser a coisa certa. Isso é o máximo aonde a maioria de nós consegue chegar. Por que nos esquecemos de que a verdadeira base tanto para a vida pessoal como para a profissional é espiritual? Viver fora de nossos valores mais profundos implica, na maior parte do tempo, não chegar nem perto de nosso eu interior e do grau de verdadeira autoconsciência, que é onde moram a real força e o comportamento sustentável. A força para operar a transformação encontra-se na alma e não nas estruturas, sistemas ou jogos de poder.

Ralph H. Kilmann, Ph.D., ex-professor de organização e administração da Joseph M. Katz Graduate School of Business, da Universidade de Pittsburgh, expõe as implicações de entender a responsabilidade que temos como líderes para ajudar a modelar um mundo diferente por meio de nossos pensamentos, palavras e ações:

> O que antes eram problemas simples, que podiam ser resolvidos por especialização extrema, tornaram-se problemas complexos que desafiam categorias fragmentadas. Prosperar no novo milênio de maneira adequada requer categorias holísticas que capacitem membros e suas organizações (1) a ver claramente as interconexões correntes que envolvem o globo, (2) a pensar conscientemente sobre problemas interligados de forma abrangente e (3) a agir intencionalmente de maneira a estimular a significância e a coevolução da vida e da natureza pelo mundo e pelo universo em expansão. Ver, pensar e comportar-se de acordo com categorias novas – holísticas – exige uma revolução mental na mente autoconsciente.[45]

O poder de significar

> O ciclo sem fim de ideias e ações.
> Invenção sem fim, experiência sem fim.
> Trazem o conhecimento do movimento, mas não da quietude.
> O conhecimento da palavra, não do silêncio.
> Onde está a vida que perdemos no viver?
> Onde está a sabedoria que perdemos no conhecimento?
> Onde está o conhecimento que perdemos na informação?[46]

---

45 "Quantum organizations". Disponível em: <http://www.kilmann.com/preface.html>.
46 Do poema "The Rock" (1934). *The Complete Poems and Plays of T. S. Eliot*. Faber and Faber, 1969.

Nesse vívido poema de T. S. Eliot, podemos sentir sua nostalgia de uma vida mais simples e significativa. Espiritualidade não se iguala exatamente a religião. Religião pode, ou não, ser um exercício espiritual. Espiritualidade no ambiente de trabalho trata-se de saber que o que você está fazendo com sua vida é o que você está destinado a fazer, que você e o trabalho que escolheu são "um só". É assim que encontramos nosso equilíbrio. Qualquer coisa menor do que essa unidade significa que nossas vidas estão desequilibradas. Uma vez que aprendemos a nos conectar com a essência espiritual, o mundo muda de cor e a vida e o trabalho nunca mais serão os mesmos.

Talvez ceticamente descartemos esses apelos ao nosso sentido interior das coisas com a noção de que investigá-las a fundo não passa de egoísmo ou, por outro lado, talvez tenhamos levado essa necessidade de autoconsciência mais a sério. Frequentamos cursos e seminários. Deparamos com diversas ideias interessantes e decidimos que gostaríamos de gerir de forma mais equilibrada:

» No aspecto físico da percepção sensorial e ação pragmática.
» No aspecto intelectual da compreensão criativa e da busca de soluções.
» No aspecto emocional de verdadeira troca nos relacionamentos.
» No aspecto espiritual de ter um sentido e conectar-se com algo maior que nós mesmos.

Em outras palavras, estamos convencidos das vantagens. Pelo menos, já é um bom lugar para estar. Vemos as mudanças que a autoconsciência traz ao nosso comportamento e o seu impacto nas outras pessoas. Seremos capazes de decidir melhor e mais rápido de forma que nosso negócio passe a ter importância para nossos funcionários e para o grande espectro de todos os envolvidos no processo, incluindo a sociedade e o meio ambiente.

Quando exploramos nossas possibilidades internas, podemos até chegar à conclusão de que, no momento e no lugar em que estamos, o esforço exigirá nadar muito contra a corrente. Podemos ser atraídos para outro setor do mesmo negócio onde parece haver mais suporte ou até mesmo mudar para outra área completamente diferente. O que quer que seja, tornar-se um líder consciente exige coragem. Mas a compensação é incrível! Tornamo-nos calmamente eficientes e plenamente perceptivos. Adquirimos o verdadeiro sentido de ter o controle de nossas vidas e também aprendemos a nos divertir durante o processo.

A questão é **como** se tornar mais consciente em relação a nossas vidas e trabalhos e, ainda, liderar os outros e nossas empresas de maneira viável e sustentável.

Autoconversa **positiva**

A **autoconversa** positiva está no âmago da elevação de nossa sabedoria inata. É algo que carregamos dentro de nós, e nossa falta de equilíbrio interno não pode ser compensada por nenhum objeto, interesse ou relacionamento.

Autoconsciência

Certa vez, tive o privilégio de ser o condutor em um diálogo no Centro de Retiro da Brahma Kumaris, em Serra Negra, sobre administração de mudanças. O diálogo foi dividido em cinco rodadas com questões específicas para cada uma. Para cada questão, os participantes deviam refletir em silêncio sobre os assuntos-chave, escrever duas ou três ideias e compartilhá-las com o grupo. Em cada grupo, uma pessoa era escolhida para representar o papel de observador silencioso, cujo trabalho era fazer apenas isso – não dizer nada durante o diálogo, mas prestar atenção àquilo que estava sendo dito e ao modo como estava sendo dito.

Na primeira rodada, havia cinco pessoas em cada grupo. A pergunta era "Por que o Brasil é assim?", dando-lhes a oportunidade de manifestar suas teorias favoritas. Após ouvir cada um dos outros quatro, o observador silencioso apresentava o que pensava ser a essência do conteúdo intelectual do diálogo.

Na segunda rodada, ficavam quatro em cada grupo. A pergunta era "O que o Brasil deve fazer para se desenvolver?", dando-lhes a oportunidade de apresentar suas visões do futuro. Após ouvir cada um dos outros três, o observador silencioso compartilhava o que pensava ser o conteúdo emocional do diálogo.

Na terceira rodada, cada grupo era formado por três participantes. A pergunta "O que você gosta em relação a si mesmo?" dava-lhes a chance de fazer uma abordagem pessoal do tema. Após ouvir cada um dos outros dois, o observador silencioso apresentava o que pensava ser a essência do conteúdo de valores ou virtudes do diálogo.

A quarta rodada foi realizada em pares. Eles foram enviados para uma caminhada pelos belos arredores naturais da cidade para simplesmente compartilhar o que haviam compreendido das três primeiras rodadas.

A última rodada foi realizada individualmente. Cada um tinha de encontrar um lugar, distante o bastante dos outros, sentar-se em silêncio e responder à questão: "O que eu preciso para melhorar a minha vida?" Após anotar os tópicos, a orientação era para que estabelecessem um diálogo consigo mesmos, falando cada tópico em voz alta.

Por fim, eles voltaram e compartilharam suas experiências. Alguns disseram ter sido a primeira vez na vida que haviam tido uma conversa séria consigo mesmos. Todos, sem exceção, descobriram algo novo em relação a seus processos interiores.

Era importante verbalizar a conversa, tanto mais porque não era possível escapar ou se esconder do que acontecia dentro de cada um. (Em geral, é fácil ignorar pensamentos desconfortáveis quando eles ocorrem apenas mentalmente. Verbalizá-los torna imperativo lidar com eles.)

Após os exercícios, eles se sentaram em contemplação silenciosa de suas experiências. Refletiram sobre o fato de esses valores serem, de alguma forma, inatos ou intuitivos. Eles estão dentro de nós, apenas esperando a oportunidade de ser convocados a sair e revelar-se em nossas vidas. Estava faltando apenas a chave para isso.

A autoconversa negativa nos leva ao conflito interno, geralmente porque muitas vezes *queremos* coisas que, pela intuição, *sabemos* não serem benéficas, ou *sabemos* de coisas que não *gostaríamos* de ter conhecimento.

O querer e o saber lutam entre si e produzem uma inquietação que não nos permite enxergar o acima e o entre em nossos relacionamentos (supervisão e intervisão).

Quando o querer e o saber se harmonizam, existe paz. Isso também significa que, quando soubermos exatamente que o que queremos é benéfico e quisermos apenas isso, poderemos ser felizes.

"Intuitivo" significa o que é percebido diretamente sem passar pelo processo normal de raciocínio. Considerando as experiências acima, parece haver algo dentro de nós que detecta diretamente o que é benéfico e o que não é. Os próprios participantes do diálogo concluíram que esse algo é exatamente nosso estado natural de paz e harmonia.

Ao chegarmos a essas conclusões, experimentamos o verdadeiro significado de "educação" – dentro de nós, existe um potencial para o bem que deve ser descoberto e posto à mostra.

Por onde começar

A jornada começa com a compreensão de que o custo pessoal desse trabalho interno é muito menor que o custo de não fazer nada. Temos de ser convencidos de que termos mais consciência de nós mesmos na vida, no trabalho e nas relações não só nos guiará para um sentido maior de *bem-estar e realização pessoal, mas também servirá para nossos negócios e para o mundo.*

Certa vez, tive de fazer a palestra de encerramento do Congresso Brasileiro da Qualidade e Produtividade às 18h do terceiro dia. As oitocentas pessoas (basicamente engenheiros) estavam evidentemente cansadas e, provavelmente, aborrecidas. Tentando pensar em uma estratégia de apresentação, saí do auditório e fui a um grande hortifruti instalado do outro lado da rua. Quando entrei, imediatamente vi um coco grande e peludo, que resolvi usar como objeto de cena para minha palestra. Quando adentrei o palco, eu o carregava sob meu braço. Peguei o microfone e falei diretamente àqueles que estavam sentados nas primeiras fileiras da plateia e que, pelo menos, estavam acordados. Pedi que se imaginassem como crianças do Norte da Sibéria, que nunca haviam visto um coco em suas vidas nem mesmo lido a seu respeito. Perguntei-lhes, então, o que eu tinha nas mãos. Alguém disse que era uma bola peluda; outro, que era uma bomba. Expliquei que dentro do "objeto" havia uma polpa branca macia e um líquido delicioso e perguntei como poderia provar isso a eles. Atendendo a seus pedidos para quebrá-lo, arremessei-o ao chão, onde ele se quebrou, convenientemente, em muitos pedaços, que acabei distribuindo para que o comessem. A essa altura, eu já tinha a atenção de todos e pude atingir o ponto a que queria chegar.

Conforme vimos no capítulo anterior, todos temos a ambivalência dos cocos – uma casca dura e peluda, conhecida como ego, constituída por muitas experiências boas e outras nem tanto, adquiridas no decorrer de nossas vidas; e um miolo macio, do qual raramente temos consciência.

A consciência de "Sou fulano. Fiz isso ou aquilo. Trabalho aqui há vinte anos. Estudei em tal e tal universidade...", e assim por diante, representa aquilo que nos tornamos. É a personalidade que mostramos ao mundo. Essa identidade superficial não é a expressão do verdadeiro eu, mas uma máscara com a qual nos identificamos. Na verdade, o termo "personalidade" vem do latim *"persona"*, que era a máscara usada no teatro romano. Curiosamente, a máscara era feita de cera. A palavra "sincero" literalmente significa "sem a cera" ou "sem a máscara". A verdadeira sinceridade é um impulso que vem de nosso miolo macio.

Quando abrimos o coco, vemos a parte que realmente contém valor nutritivo. É branca, deliciosa e refrescante. Quando, da mesma forma, nos abrimos, descobrimos nossas qualidades naturais de paz, amor e autenticidade, com as quais construímos nossos valores.

Esta é uma grande descoberta: os valores de que necessitamos em nossas vidas estão, na verdade, dentro de nós! Para quebrar a casca, revelar e tirar proveito de tais qualidades, é preciso fazer um profundo exercício de introspecção e reflexão. Simplesmente não é possível realizá-lo no âmbito intelectual.

Familiarizar-se com o **eu interior**

O segundo passo é familiarizarmo-nos com nossas vidas interiores. Sob nossa superfície, descobrimos as raízes da sabedoria, e os valores de que tanto necessitamos em nosso dia-a-dia podem revelar integridade, autenticidade, autoconhecimento, coragem, aceitação da ambiguidade, percepção de paradoxo, relances de mistério, tais são os frutos do profundo e comprometido trabalho interno.

Então, muda a nossa reação ao mundo, e o mundo se transforma também. Criatividade, inovação, aceitação, força, perdão, compaixão, paz, ocupação, até mesmo humor e diversão – essas qualidades crescem.

Aprender a criar os pensamentos certos

A completa interconexão entre o pensador e o mundo criado por seus pensamentos raramente tem sido aceita como um estudo sério, em especial no campo da liderança. A compreensão de como a mente afeta a matéria, e vice-versa, de alguma forma caiu no esquecimento.

Ainda assim, não se passou tanto tempo desde a época em que os seres humanos viviam e amavam com relativamente mais tranquilidade do que no complexo e barulhento mundo de hoje. Costumávamos ter maior cuidado com aquilo que nos era dado em confiança – nosso lar terrestre. Nós éramos os administradores da Natureza, não seus usurpadores.

A família de todos os seres vivos cresceu desbragadamente. A industrialização trouxe grandes expectativas para o futuro. A ciência e a tecnologia revolucionaram nossos sistemas, mas, paradoxalmente, nos levaram a uma distância muito grande em relação a nós mesmos e à Natureza e, sem dúvida, prejudicaram nosso habitat e, também, nossos relacionamentos.

Autoconsciência

Os denominadores comuns que nos ligam uns aos outros são muito óbvios para ser ignorados. Bebemos a mesma água, respiramos o mesmo ar, usufruímos da mesma Terra. As linhas que delimitam as nações nos mapas nem podem ser vistas do espaço. A responsabilidade de cuidar da Terra tornou-se indispensável.

Afinal de contas, fazemos qualquer coisa por aqueles ou pelas coisas que amamos. Para dar e receber, para tornar possível o impossível – tudo é fácil quando existe amor. Ainda assim, precisamos entender nossos relacionamentos básicos – dentro de nós, com os outros e com o nosso mundo.

Podemos lidar com os sintomas – problemas de desmatamento, poluição, corrupção, inflação, má gestão governamental e falta de rentabilidade –, aplicando unguentos nas escoriações e contusões de um planeta que está gravemente ferido. Ou podemos ir a fundo na raiz do problema – a qualidade de nossos pensamentos, conceitos e valores.

Desenvolver nossa habilidade de reagir é cultivar o potencial da mente pela criação de pensamentos claros e poderosos e de sentimentos positivos.

Conhecer a si próprio e saber meditar é o ponto de partida. Meditação é simplesmente o uso mais elevado do pensamento e da estabilização da consciência em relação a qualquer fator externo. A meditação afasta o estado mental da raiva, dos conflitos e das tensões.

É a redescoberta do funcionamento dos processos internos e das qualidades inatas – paz, amor e alegria de viver.

O acesso a essa fonte renovável de energia pessoal é mantido, desse modo, pelo estímulo da ação prática e construtiva.

A meditação não só cura as feridas mentais que carregamos conosco, colocando a consciência de volta ao eixo do pensamento correto e da razão, mas também é o método pelo qual podemos criar e oferecer às pessoas e ao planeta nossa maior contribuição – nossa própria transformação.

Em tempos de grande tensão internacional, desafios ambientais e crises existenciais, as respostas estão em nossa capacidade de compreender os tipos de pensamento que nos ajudam a criar não apenas uma família ou organização melhor, mas um mundo melhor.

Estar ciente **dos outros**

Tanto quanto estivermos conscientes de nós mesmos, essa é a exata medida de quanto estaremos conscientes dos outros. O tanto que compreendermos a nós mesmos é o quanto entenderemos os outros. Como a maior parte de nossas dificuldades em relacionamentos é baseada em divergências de razões e perspectivas, trabalhar o eu melhora automaticamente a forma como interagimos com os outros.

Janice Webb, ex-vice-presidente da Motorola, passou 28 anos ocupando cargos de liderança. Ela sentiu a fundo a conexão existente com os outros pela perspectiva da alma. Ela disse:

> Se há um momento para liderança espiritual, a hora é agora. Você tem de merecer todos os dias o direito de liderar e, para isso, a espi-

ritualidade é necessária. Espiritualidade é conectar-se de forma verdadeira com a vida, com o centro, no âmago. Como você entra em contato com as pessoas e fica com elas? Como líder, de que forma você faz isso? A ligação espiritual é a única maneira que conheço. Você tem de se conectar com a alma de uma pessoa, em seu plano mais profundo. Você deve ter suas entranhas, cabeça e coração alinhados... não superficialmente comprometidos.[47]

Essa percepção definitivamente nos ajuda a entrar em ressonância com as outras pessoas e a responder a elas. Ela nos ajuda a medir o impacto que causamos na vida dos outros. Uma pergunta ótima para refletir sobre liderança, como já dissemos, é: as pessoas ficam mais felizes quando chegamos ou quando vamos embora – ou é indiferente? Isso tem a ver com presença e ressonância.

PRESENÇA E RESSONÂNCIA

Conforme a caracterização de nossos eus interior e exterior, todos temos uma "presença", significando que nos "apresentamos" de acordo com o que temos dentro de nós. O que quer que seja não pode ser escondido, não importa o que façamos para disfarçá-lo. Dependendo da forma como nos "apresentamos", obtemos uma "resposta" – o que, na verdade, é a ressonância produzida no outro a partir da intenção que nossa presença carrega.

Se nos apresentarmos com uma consciência puramente física ("Sou forte/atraente/poderoso" etc.), a resposta/

---

[47] Disponível em: <http://www.spiritinbusiness.org/quotes.php>.

ressonância será física também ("Sou forte ou até mais forte, mais atraente" etc.), e uma "troca física" acontecerá.

Se nos apresentarmos com uma consciência intelectual ("Sou esperto, capaz de raciocinar, eu sei" etc.), a resposta/ressonância desencadeada será, da mesma maneira, intelectual ("Eu lhe mostrarei como também sou esperto, capaz de raciocinar" etc.), e uma "troca intelectual" acontecerá.

Se nos apresentarmos com uma consciência social ("Gosto de me associar, quero me socializar com você, sou agradável" etc.), a resposta/ressonância obtida será social também ("Eu também posso (ou não) me associar, quero (ou não) me socializar com você" etc.), e uma "troca social" ocorrerá.

Se nos apresentarmos com uma consciência "espiritual" ("Sou um ser espiritual, assim como você, eu me importo e gosto de você incondicionalmente, estou a seu serviço"), a resposta/ressonância será igualmente "espiritual" ("Também sou uma alma e reconheço sua espiritualidade, me importo e gosto de você, quero ser útil a você também"), e uma "troca espiritual" será realizada.

Então, o que podemos concluir desse *insight*?

Conquistamos ou estabelecemos os relacionamentos que merecemos, sejam eles físicos, intelectuais, sociais ou espirituais. Já que temos de viver efetivamente em todos esses quatro campos, a chave do sucesso é integrá-los e entender a fundo o poder das intenções.

Se suas intenções forem "sinceras", assim será a resposta/ressonância que você receberá. Mas, se suas intenções forem "desleais", assim será a reação que receberá em troca. Intenções motivadas por política, egoísmo, materialismo etc. serão respondidas na mesma moeda.

A boa notícia é que amor, cuidado, préstimo, ajuda retornarão todos da mesma maneira. Sendo bem realista, dar é receber. Porque somos assim, não conseguimos responder senão da mesma forma pela qual somos tratados. A casca e o interior do coco respondem um ao outro não da maneira que queremos, mas de acordo com a forma que somos como seres humanos.

O papel de um líder/facilitador/sinergista é ajudar outras pessoas a expressar em ações seu eu espiritual da melhor forma possível, para se moverem partindo de um lugar de verdade interior em que qualidades como amor, paz e sabedoria guiam todas as outras inteligências de maneira significativa e verdadeira.

Seja como for, tudo começa ao entendermos como realmente funcionamos por dentro, e como a mente, o intelecto e a personalidade trabalham juntos para criar o impacto que temos no mundo à nossa volta.

Entender a função **da consciência**

Se pretendo consertar o motor de um carro, preciso saber como ele funciona. Do mesmo jeito, minha mudança pessoal começa quando eu descubro como funciono interiormente.

Um dos princípios básicos da prática da meditação é que o "eu" é uma energia consciente de sua própria existência. Consciência, nesta mais simples definição, representa saber que **eu sou**, ou que **eu existo**.

A consciência de que eu sou **algo** ou **alguém** é o trampolim para todos os pensamentos, palavras e ações.

Dependendo da situação, o **algo** é substituído por palavras como "homem", "mulher", "branco", "preto", "feio" ou "bonito" e assim por diante. As palavras "patrão", "pai", "mãe", "membro de tal família" e outros papéis desse tipo substituem o **alguém**.

As complicações começam quando a essência interior é esquecida e tudo passa a ser controlado por esses adjetivos e substantivos que se referem a uma ou outra das condições mencionadas da casca, ou seja, da parte externa.

Obviamente, o processo da existência deve se encaixar dentro de certos parâmetros para que possa haver alguma coerência. Tenho de desempenhar os papéis de ser algo ou alguém com responsabilidade e cuidado até o fim. Da mesma forma que o coco, a casca tem a função tanto de proteger como de preservar o formato da fruta.

Se eu permanecesse apenas no conhecimento de que sou um ser de energia consciente – o interior macio –, com a *cabeça nas nuvens*, por assim dizer, eu não duraria muito. Necessidades básicas, como alimentar-se, vestir-se, dormir e proteger o corpo, seriam despreocupadamente deixadas de lado. O equilíbrio entre a consciência que me leva além das preocupações e responsabilidades de meus papéis e a minha real e mais profunda existência é essencial para cuidar tanto do corpo quanto da energia consciente que lhe dá vida.

É importante enfatizar que o ser depende tanto do corpo quanto este depende do ser. O corpo sem uma alma é um cadáver, a alma sem um corpo não tem como se expressar.

Qualidade dos **pensamentos**

Uma questão que frequentemente surge para aqueles que estão prestes a iniciar a prática de reflexão interna é: como faço para parar a avalanche incessante de pensamentos sobre ontem, hoje e amanhã, sobre coisas, eventos e outras pessoas, para conseguir efetivamente meditar?

A resposta é simples: é preciso criar pensamentos positivos relacionados com o estado natural do eu, consciente e deliberadamente. Segundo o princípio de que podemos ter apenas um pensamento por vez, esse efeito automaticamente *expulsa* os pensamentos que não têm nada a ver com meditação. Para isso, é necessário saber quais categorias de pensamentos são potencialmente fortalecedores. Existem basicamente quatro tipos de pensamentos:

PENSAMENTOS POSITIVOS E FORTALECEDORES. São os relacionados à natureza inata do verdadeiro eu ou à dos outros; sobre conhecimento espiritual; sobre a incumbência de auxiliar a elevar espiritualmente as pessoas, transmitindo-lhes felicidade, bons votos; sobre virtudes, respeito próprio.

PENSAMENTOS NEGATIVOS E ENFRAQUECEDORES. São os que giram em torno das falhas dos outros; sobre fracasso pessoal, desesperança, baixa autoestima, raiva, frustração, vaidade, ganância, arrogância ou ociosidade.

PENSAMENTOS INÚTEIS OU DESNECESSÁRIOS. São preocupações e medos, imaginação irreal ou fantasiosa; pensamentos repetitivos em relação a algo que, na verdade, requer pouco planejamento. Esses também enfraquecem o eu.

PENSAMENTOS NEUTROS OU ESSENCIAIS. São os relacionados a funções ou responsabilidades físicas como comer, dormir, tomar banho, cuidar das crianças ou cumprir prazos.

Os pensamentos também estão sujeitos a certos critérios que também são fáceis de entender:

» Os pensamentos podem gerar efeitos ou vibrações positivas, negativas ou neutras.
» Pensamentos positivos criam vibrações de alta qualidade que podem se sobrepor a pensamentos negativos.
» Todos os tipos de pensamento produzem um efeito exterior nos outros e na atmosfera ao redor, o que, então, determina um retorno específico para o eu.

Quem sou eu realmente?

A autoconsciência começa com um forte senso de identidade baseado no conhecimento, na compreensão e na aceitação do eu.

Aqui estão alguns pensamentos que ajudam a estabelecer um maior senso de identidade própria:

Mergulho dentro de mim e começo a observar as coisas que estão acontecendo ao meu redor neste momento... Posso ouvir os sons, posso sentir o ar... Estou consciente de minha própria respiração... Estou sentado aqui neste espaço físico... neste exato momento... O passado já aconteceu e o futuro ainda não chegou... Estou literalmente aqui e agora...

Autoconsciência

Volto toda a atenção para o ponto de controle atrás dos olhos, no centro do cérebro, onde processo meu pensamento, meu sentimento e minha decisão... Eu observo como os pensamentos surgem...

Da mesma forma que estou no centro dessa situação física, eu me vejo no centro da minha vida... Toda a minha vida está acontecendo ao meu redor – meus papéis, relacionamentos, responsabilidades e rotinas... mas estou no meio de tudo... calmo, centrado... Dou a mim mesmo a chance de sentir o que realmente sou, independentemente de todos esses aspectos...

Sou apenas um ponto de energia consciente dando vida a meu corpo... e dando força a minha vida e minhas ações... Entro em contato com minhas qualidades inatas de amor... paz... e sabedoria...

Apesar de estar rodeado de tantas situações diferentes, sou o mesmo ser... neste nível de consciência. Há estabilidade... equilíbrio... calma... Estou consciente de estar por trás das coisas que acontecem em minha vida... o mundo não me influencia negativamente... eu influencio o mundo positivamente...

...

Perguntas para fazer a si mesmo

Reserve um tempo para refletir sobre essas questões. Sente-se em sua cadeira favorita com uma caneta e um bloco de papel à sua frente. Se quiser, você pode colocar uma música suave de fundo. Saboreie cada questão e escreva as respostas que lhe vierem à cabeça naturalmente. Use essas perguntas para conseguir entrar em contato com as profundezas de sua sabedoria inerente e, intuitivamente, escreva as inspirações que lhe surgirem.

1. O que você aprendeu esta semana sobre si mesmo?
2. Qual foi o momento mais memorável da última semana em relação ao que precisa aprender sobre você e por quê?
3. Você tem evitado fazer o que precisa ser feito? Por que acha que isso acontece?
4. A que você se sente agradecido?
5. Do que você tem mais medo? O que pode fazer sobre isso em relação ao que sabe sobre si mesmo?
6. Pense em quantas vezes, hoje, ao usar as palavras "eu" ou "mim", você se referia a seu corpo ou função. Por que você esquece seu eu interior ao fazer coisas e quando está envolvido com os outros?
7. Qual é sua grande inspiração em relação ao amanhã?

Livros, sites e artigos recomendados

Livros

BERNTHAL, Paul R.; WELLINS, Richard S. *Leadership forecast 2001: a benchmarking study*. Executive summary, 2001.

CRICK, Francis. *The astonishing hypothesis: the scientific search for the soul*. Nova York: Touchstone Books, 1995.

DARWIN, C. R. *The autobiography of Charles Darwin*. Londres: Collins, 1993.

FRIEDMAN, Milton. *The social responsibility of business is to increase its profits*. The New York Times Magazine, 13 set., 1970.

HUNTER, James C. *O monge e o executivo: uma história sobre a essência da liderança*. Rio de Janeiro: Sextante, 2004.

JAWORSKI, Joseph. *Sincronicidade: o caminho interior para a liderança*. São Paulo: Best Seller, 2000.

KEYES Jr., Ken. *The hundredth monkey*. Oregon: Vision Books. Livre de direitos autorais e disponível em <http://www.freewebtown.com/jaxxkaos/monkey/monkey1.html>.

O'DONNELL, Ken. *Endoquality*. São Paulo: Casa da Qualidade, 1997.

ROSENTHAL, R. K.; JACOBSON, L. *Pygmalion in the classroom: teacher expectation and pupils' intellectual development*. Nova York: Holt, Rinehart & Winston.

SAYERS, Dorothy L. *Spiritual writings*. Seleção de Ann Loades Boston: Cowley Publications, 1993.
SHELDRAKE, Rupert. *A new science of life*. Tarcher, 1981.
SHELDRAKE, Rupert. *The presence of the past*. Times Books, 1988.
STEPHAN, Eric; PACE, R. Wayne. *Powerful leadership: how to unleash the potential in others and simplify your own life*. Financial Times Prentice Hall, 2002.
TOYNBEE, Arnold. *A study of history, Vols. I-X*. Londres: Oxford University Press, 1960.
WHEATLEY, Margaret; KELLNER-ROGERS, Myron. *A simpler way*. Berret-Koehler Publishers Inc., 1996.
WHEELER, John *apud* PEAT, David F. *Synchronicity: the bridge between matter and mind*. Nova York: Bantam Books, 1987.

Sites

http://www.netaid.org
http://www.spiritinbusiness.org/quotes.php
http://www.whatthebleep.com/whatthebleep
http://www.yourlifemanual.com/ubuntu.htm

Artigos

FITZGERALD, Laurie A. *Living on the edge*. Disponível em: <http://www.orgmind.com>.
GREENLEAF, Robert K. *What is servant leadership?* Disponível em: <http://www.greenleaf.org/whatissl/index.html>.
EnlightenNext Magazine. *God can't do it alone*. Disponível em: <http://www.wie.org/j28/dadi-janki.asp>.
JOINER, Harry. *Humility: the core of servant leadership*. Disponível em: <http://www.mpdailyfix.com/2007/01/humility_the_core_of_servant_l.html>.
SAFT, James. *What comes after the great unwinding?*. Disponível em: <http://www.forbes.com>.